**Para todo aquel que quiera volver a ser niño...**

# El Tesoro de los Cielos

**Por: Dr. Rafael González**

Traducción del libro original "The Treasure of the heavens: The biggest robbery in history, the art of war and diamonds books" por Rafael González.

"The Treasure of the heavens: The biggest robbery in history, the art of war fue Revisado por Monseñor Rev. Harold Bumpus (por favor rece un Ave María por él).

**Por favor ayúdenos comprando este libro y déselo a alguien que se haya alejado de la fe, gracias.**

Permiso de la biblioteca del congreso Norteamericano bajo la oficina de Copias del derecho de autor: TXu 1-869-475

# DEDICACION

A mi Señor y Salvador Jesucristo por darme la vida con Su Misericordia después de que todos los médicos, dos veces, le dijeron a mi esposa y mi madre que se preparasen para un funeral, a mi esposa María por entregarle todas sus lágrimas a Jesús en súplica en mi lecho de muerte y entregarse a sí misma a la voluntad Misericordiosa de Dios, a mi madre Amaury que echó a perder sus dos rodillas orando, pidiendo a cada instante un milagro de recuperación, para mis hijos Rafael, Ignahi y Axel, que me dan alegría de estar vivo, a la familia de mi esposa Marina, Negrito, Rosy, Carlitos, Reinaldo y Edward Bodden, a mis hermanas Ignahi, Virginia, Lisa, Diane, Rita, mis hermanos Rubén Gómez, Gustavo y Franklin; para todo aquel que oró por un milagro a Jesús y luego conseguirlo al despertarme del coma inducido, a María la Madre de Jesús por el dulce abrazo que me dió mientras rezaba el rosario al regresar aquí a los EE.UU., al Espíritu Santo por enseñarme y entregarme la Misericordia de Jesús en mi corazón indigno todos los días, a todos mis hermanos en Cristo especialmente Mariano y Clara Rivera, quienes oraron por mí cuando más lo necesitaba, a mis hermanos evangélicos que aman Cristo Julie y familia, Kathy y Manuel Peláez, Henry Campusano y familia, a mis hermanos de mi Iglesia Católica en especial a todos los antiguos miembros de "El Grupo de oración Católico La paz de Cristo", en Santo Domingo, República Dominicana; al padre de Wilson Salazar en Colombia y sus enseñanzas, al padre Ángel de los pasionistas en Puerto Rico, al padre Edward Wal de la Iglesia de la Transfiguración y su paciencia conmigo, Michael Voris y Churchmilitant sus enseñanzas. A Spirit FM al darme alegría a través del Rosario, la Universidad de Stetson, Don Howard, Viegname Somado y familia, Camilo Rodríguez y familia, Charles **Deonarinesingh y familia,** a todos los que adoran la Misericordia Jesús... les dedico este trabajo en nombre de Cristo Jesús a todos ustedes.

# Libro I:
## EL ROBO MAS GRANDE DE LA HISTORIA.

# PREFACIO

Ser un ladrón es como un arte, dijo Dimas: "hay que tomar las cosas sin que ellos sepan que estuviste allí". Dimas era el líder de un dúo que obtuvo lo que quería de la población de Egipto sin esta detectar mucha atención; la vida de un ladrón, Dimas abrazó, eso es lo que sabía hacer y hacer bien... creció sin padre, los romanos tomaron la vida de su padre por la fuerza de la espada, a Dimas, no le gustaba hacer a su Madre Helen sufrir a causa de su conducta criminal, pero Helen sufrió de todas formas porque la verdad siempre florece y le dolía pues no quería ver a su hijo como un criminal, ella siempre le veía como su dulce niño... Dimas y su Madre Helen salieron corriendo de las garras del rey Herodes, vinieron a Egipto en busca de refugio, llegaron a pensar que todos los Judíos estaban siendo aniquilados. No eran tiempos fáciles para los Judíos, se sentía la opresión de los romanos y siempre ellos trataban de levantarse en contra de sus enemigos... Dimas le hacía las cosas difíciles a su Madre cual él amaba mucho, así que se dispuso a abandonar sus malos caminos por el amor que sentía a ella. Helen perdió el marido perfecto en las manos bárbaras de los romanos, así ella siempre se dedicó a recordarle a su hijo sobre su padre, Simón; ella le decía siempre de dónde venían, cómo su padre era, que ocurrió...Helen inconscientemente quería que su hijo llegara a ser como su padre: un hombre bueno. Ellos tomaron la decisión de volver a casa, aunque no fue a Belén, Dimas insistió en ir a la gran ciudad, a la ciudad santa de Jerusalén. Él era ya un adulto, a pesar de que la Madre lo veía como un niño, ella accede y así fueron a Jerusalén El prometiendo dejar su vida criminal, pero ellos no sabían que Dimas encontraría su trabajo más grande! Robar el tesoro más grande de todos, el Tesoro de los Cielos estaba allí mismo en Jerusalén.

# PROLOGO

Todo es bello mi Señor, cuando veo las estrellas brillando más que nunca, mi Helen y mi hijo están en mi corazón iluminándolo mientras duermen, te doy gracias YO SOY por la belleza de la vida que viene solamente de Tus manos, gracias por mi familia mi dulce Señor y Rey de los ejércitos celestiales, Tu Misericordia es no sólo legendaria pero real, te ruego que me permitas defender a mi familia, no con espadas, lanzas o rocas, sólo con tu sabiduría... Te alabo esta noche y siempre, porque me has dado más que riquezas, me has dado Tu Amor a través de mi Helen y mi hijo Dimas...yo Simón, hijo de Aarón y Rebecca, pastor y agricultor, un don nadie entre reyes, sabios y los hombres comunes, quiero declarar delante de Ti mi Dios grande que yo y mi casa son tuyas para siempre... sé que no es mucho, pero quiero agradecerte apropiadamente YO SOY mi Dios, mi alma y mi familia son Tuyas, incluso si sólo somos nosotros tres, Tú sabes que no puedo hablar en nombre de mi hermano Benjamín, el cual me desprecia, a pesar de esto quiero que les bendigas mi Señor con Tu Misericordia, te lo suplico. ¡Qué hermosa noche mi Señor! han pasado días desde que aquella hermosa estrella brilló como el sol en medio de la noche aquí en Belén Dios mío. YO SOY... por favor nunca olvides a tu siervo y a su familia, siempre he conservado tus mandamientos porque te amo Señor, por favor no te escondas de nosotros, no te alejes de nosotros, más bien muéstranos la belleza de Tu Misericordia, esto te ruego por la Gloria y el Honor de Tu Nombre. Amén.

Oh! Dios que difícil es respirar ahora mismo! La gente está aquí y están contentos de ver un buen espectáculo, algunas personas disfrutando de las desgracias de otros... en este caso mi desgracia!... Otros... muy pocos, con lágrimas en los ojos y un poco de incredulidad... Oh! mi dulce Dios estos clavos duelen tanto... ¿Cómo he llegado hasta aquí? ¿Cómo me metí en este lío? Gracias a Dios que mis padres han muerto, para que no vean este horrible final... Sí, me atraparon con las manos en la masa, eso fue lo que pasó y esto es lo que merezco por mis transgresiones, miro hacia el sol y recuerdo cuando todo estaba... bueno, cómo llegué a ser yo. Recuerdos del pasado vienen con este dolor que me come por dentro, pero vienen a la mente y es maravilloso... Veo a mi Madre contándome cómo era mi  padre... él era un buen hombre según ella, no me acuerdo mucho de él porque Yo sólo tenía dos años cuando le perdí, mi Madre nunca me permitió olvidarle, siempre me decía como él era y la historia de cómo fui salvo de las garras del rey Herodes. Era yo un pequeñito, mi padre solía trabajar en tierras de cultivo y observando algunas ovejas mientras que mi Madre me cuidaba en nuestra casa. Estábamos viviendo en Belén, mi Madre solía contarme esta historia como mil veces, para que nunca se me olvide... me dijo que mi padre una tarde regresó corriendo a casa vestido de rojo, lo curioso dijo ella: salió de blanco y llegó en su mayoría rojo, mi Madre llorando y gritando dijo...

- "¿Qué pasó? ¿Esa es tu sangre? "

- "No, no es mía (Él contestó), tenemos que irnos ahora... ahora!!! No hagas preguntas, sólo confía en lo que digo... toma el chico y vámonos!"

Mi padre pronto se lavó la sangre de la cara y las manos, se cambió alguna de sus ropas y luego nos llevó a través de la parte posterior del pueblo, llegamos a las afueras del pueblo y esperamos detrás de una casa, la noche llegó arrastrándose entre nosotros y mi Madre preocupada por todos los gritos y el llanto a lo lejos... la gente estaba gritando como si estuvieran siendo torturados!

- "¿Qué está pasando Simón...? ¿Qué está pasando? "

- Simón: "Tranquila mujer... Hay peligro en todas partes, tenemos que estar en silencio."

- Simón: (susurrando) "Como tú sabes yo estaba viendo algunas ovejas, cuando volví vi a los romanos desde la distancia que estaban en la casa de la familia de Leví cerca del pozo, vi a todos nuestros amigos muertos en la tierra!... los romanos no me vieron mientras estuve escondido, uno de ellos grito:

- "Tomemos este pueblucho a la caída de la noche para que toda resistencia podamos eliminar con facilidad!"

- Simón: "Supuse que Roma se cansó de Israel... así que no podemos correr riesgos, debemos dirigirnos a Egipto."

Mi Madre me contó esta historia miles de veces, ella siempre tenía que luchar las lágrimas, a pesar de que yo sabía de antemano toda la historia, siempre se me rompía el corazón cada vez que la veía llorar, ella siempre lo contaba como si fuera la primera vez, para mi Madre era muy importante, por lo que nunca me negué a oír esa historia, nunca! Yo sé que ella no quería que me olvidara de mi padre y lo que él hizo por nosotros.

A medida que nos acercábamos a la parte exterior del pueblo, el llanto y los gritos de dolor eran irrelevantes para mi padre, él estaba decidido a liberar a su familia del horror de los romanos; de repente vimos a tres soldados que venían en nuestra dirección, afortunadamente aún no nos han visto.

- Simón: "Voy a tratar de hacer que ellos me sigan, para que así puedas conseguir irte y atravesar los campos, evita todos los caminos, corre por las colinas y no te detengas hasta llegar a un lugar seguro, si pueden llegar a Egipto pues mejor... Nos vemos allí mi amor, por favor sé fuerte... por favor, entiende que esta es la única manera... "

Mi madre se resistió a la idea, ya que los romanos eran famosos por su falta de misericordia y si llegan a poner las manos sobre mi padre, sería su final.

- Helen: "Cómo puedes dejarnos a mí y a Dimas solos, si mueres yo moriré también... por favor no te vayas Simón!"

- Simón: "Mi dulce Helen me has dado un mar de amor, pero ahora no es el momento para esto... es el momento de pensar en el futuro de nuestro pequeño hijo... Te amo Helen, te amo Dimas..."

- Simón: "Ahora tan pronto te pasen corre lo más lejos que puedas, si Dios quiere vamos a estar juntos... debes ir a la casa de tu tía en Egipto Nos veremos allí, corran y no se detengan por nada."

Entonces mi padre nos dio un beso a mi Madre y a mí, el salió al camino y gritó a los romanos "bestias", comenzó a huir mientras que los romanos le persiguieron; mi Madre y yo, corrimos fuera de la ciudad hacia la libertad y la incertidumbre. Corrimos toda la noche y no era una tarea fácil (dice mi Madre), una mujer cargando a su hijo de dos años corriendo por los campos temiendo lo peor...

Fue la noche más larga de nuestras vidas de acuerdo a ella... estábamos corriendo de los romanos, más adelante empezamos a caminar pausadamente, por mucho tiempo, caminamos hasta la mañana siguiente, no hubo descanso para nosotros, no queríamos morir, caminamos y caminamos hasta que finalmente tuvimos suerte, una caravana se dirigía exactamente a dónde íbamos, Egipto.

- Helen: "Alabado sea Dios por Su Misericordia, porque no caímos en manos de los romanos, y estoy segura de que Su Misericordia se hará cargo de tu padre y así devolverlo a nosotros mi pequeño Dimas, bendito sea Su Nombre".

La matanza de los niños de Belén fue lo que sucedió en nuestro pueblo, se corrió la voz de prisa que el rey Herodes ejecutó niños pequeños con menos de 2 años de edad, algunas personas no les sorprendió en absoluto esto de Herodes, pues él había matado a uno de sus hijos ante de que esto sucediera, muchos de los Judíos murieron bajo la espada romana porque no querían ver a sus hijos ejecutados, en la confusión incluso los romanos mataron a niños por encima de ese umbral de edad, incluso a niñas... Bestias!

Llegamos a Egipto, pero algo raro estaba pasando con mi Madre que estaba muy preocupada... además de la preocupación por mi padre, ella estaba aún más preocupada por mi culpa, ese mismo día se enteró que una especie de sarpullido en uno de mis brazos se ha extendido a mi pecho y por eso temía lo peor; ella sabía que si las personas dentro de la caravana se enteraban que yo tenía una enfermedad en la piel, nos podrían dejar atrás o incluso hasta matarnos. Estábamos más allá de la frontera de Egipto, esa misma noche mi Madre no podía dejar de llorar, entonces una dama de la tienda de enfrente se acercó a ella.

- Dama: "La paz esté con ustedes... por qué estás tan triste?, hay algo que pueda hacer por ti?, el chico está bien?...

-Helen: "Lo siento, lo siento, a todos los he puesto en peligro... mi hijo está enfermo y me temo que es algo muy malo en su piel, lo siento"

La Dama sonrió y le dijo amablemente a mi Madre...

- Dama: "Por favor, no tengas miedo... porque para Dios no hay imposible... por favor confía y ven conmigo, por favor... ven."

- Helen: "Pero es que la enfermedad de su pielcita es muy contagiosa."

- Dama: "Por favor, confía en YO SOY y ven."

- Helen: "....."

Una vez dentro de la tienda improvisada que tenían, Helen vio a un hombre que dormía con un bebé en sus brazos.

- Dama: "Acabo de bañar a mi hijo hace un momento, por favor utiliza la misma agua que use para bañarlo... Estoy segura de que amas a Dios y Él no te abandonará en esta tierra extranjera... confía y baña a tu hijo ahora con esta agua y sé que todo va a estar bien, yo oro para que usted vea la dulcísima Misericordia de Dios."

- Helen: "No entiendo..."

- Dama: "No tengas miedo, pon tu confianza en las manos del Señor."

- Helen: "Gracias, Dios sabe que es un hecho que mi Dimas necesita un poco de limpieza, ha sido un largo tiempo ya usted sabe ja, ja, ja..."

- Helen: (Ella empezó a limpiar Dimas poco a poco con el agua). "Por favor, tengo que saber su nombre."

- Señora: "Mi nombre es María y esta es mi familia, el dormilón de acá es mi esposo José y el bebé en sus brazos es nuestro hijo Jesús."

-Helen: "Hermosa familia!... Dios los bendiga por su bondad, han pasado días desde que mi hijo tomó un baño... Gracias."

-María: "No me des las gracias, da gracias a Dios por Su Misericordia que es eterna, ahora... sigue adelante y continua la limpieza de tu hijo."

Mi Madre me limpió con el agua que utilizó María para su Hijo, luego ella se fue a dormir al lado de su familia, entonces después nosotros nos fuimos a nuestra pequeña carpa a dormir.

La mañana siguiente, un milagro!... Un gran milagro ocurrió, la erupción por todo el cuerpo se había ido! yo tenía una piel limpia! Mi Madre con lágrimas en los ojos agradeció a Dios y Su Misericordia porque la enfermedad desapareció gracias a Dios y a las aguas benditas por El a través de María y su bebé, ella siempre hacia una pausa cuando contaba esa parte de la historia...

- Helen: "María y su hijo Jesús son benditos... (Suspiro)... María y Jesús, increíble!"

- Dimas: "Madre... Madre..." (Helen estaba soñando despierta)

-Helen: "Lo siento... el nombre de aquella señora era María, su esposo José y el niño Jesús... si alguna vez los encuentras, por favor mi dulce Dimas... mi dulce, dulce Dimas... sírvelos de cualquier manera que puedas, porque yo sé que Dios les favorece, si les sirves... Dios te sonreirá a ti. "

Después de años de distancia de nuestra casa, mi Madre me convenció para salir de Egipto, pues le estaba creando demasiados problemas; verán, ya que no teníamos mucho, tuve que robar de vez en cuando para que pudiéramos tener algo que comer.

Recuerdo mi primera obra maestra, siempre veía a este hombre que bajaba de la colina cada mañana, el siempre llevaba pan fresco para vender, pero siempre bajaba completamente dormido con una cesta de pan fresco en cada lado, la mula tenía un palo con una zanahoria delante para que así la mula la siguiera sin problemas, cada vez que bajaba siempre se despertaba por una pequeña parte donde la mula tenía que saltar un poco, por lo que un día me fui cuesta arriba y espere hasta que el pasara junto a mí, cuando por fin lo hizo (como siempre él estaba dormido), le tome dos trozos de pan fresco, yo tomaba pan todos los días y nunca supo que tenía pan desaparecido.

Una vez, mi Madre estaba muy molesta conmigo pues yo estaba creando bastantes problemas, así que ella al tener que ir a la sinagoga con mi tía ella decidió atarme en frente de la casa! Estaba yo atado en frente de la casa de mi tía! No podía creer lo que mi Madre me hizo! Un grupo de muchachos me vio atado y por Dios supe que se avecinaban problemas.

Estos chicos nunca me gustaron y ellos al parecer nunca les guste como persona, ellos se divirtieron dándome patadas y puñetazos; cuando mi Madre llegó a casa, se puso a llorar como si yo me estuviera muriendo o algo así, de hecho... estaba yo un poco afligido, pero lo que más me dolía era ver a mi Madre llorando, entré a la casa, me limpie un poco y me quede dormido, a la mañana siguiente me levanté muy temprano y salí a buscarlos.

Encontré a uno solo afuera de su casa, fui tan rápido que no tuvo tiempo de pedir ayuda, le saqué un par de dientes con mi primer golpe, el pobre no sabía lo que estaba pasando, lo dejé gimiendo en el suelo; uno abajo, ahora me faltan tres más! Después de un tiempo, finalmente los alcance a todos ellos, estaban fuera de la ciudad justo en la entrada oeste, estaba tan enojado con ellos porque hicieron llorar a mi Madre que no lo pensé bien, simplemente me les abalance y los llene con mis puños.

Al primero justo en la panza, los otros dos chicos estaban paralizados debido al factor sorpresa, le di a otro rápidamente una patada en la ingle, el otro me lanzó un puñetazo que falló mi cara, pero rozó mi oreja, aproveche y así le di un puñetazo en la mandíbula dos veces, rápidamente me di la vuelta y vi al que yo le había dado primero tratando de ponerse de pie, así que le di en la cara con mi rodilla, al que yo le di en la ingle estaba llorando... Yo estaba tan furioso al ver sus lágrimas que sólo me recordaron el llanto de mi Madre, así que le patee de nuevo en la ingle para que siga gozando... cuando toda mi energía se fue al sur, estaban todos en el suelo.

- Dimas: "Si alguna vez los vuelvo a ver los voy a destrozar!"

Poco a poco empezaron a caminar (en dolor, claro...) y se alejaron.

- "Estoy impresionado ahora mismo".

- Dimas: "¿Quién eres tú?"

- "Mi nombre es Gestas y tengo que decir... estoy impresionado."

- Dimas: "Bueno, ellos tienen lo que se merecen, quiero decir... que se lo merecían por lo que me hicieron a mí."

- Gestas: "No te preocupes, lo que pasa es que eres rápido e inteligente, quiero decir, he visto lo que has estado haciendo con el señor Roth..."

- Dimas: "¿Quién es el Sr. Roth?"

- Gestas: "Aquel que has estado robándole el pan."

Yo estaba sorprendido de que alguien supiera lo que yo estaba haciendo en esa colina, pero nos echamos a reír y nos hicimos amigos rápidamente, él me explicó que él era como yo... un ladrón.

Él pensaba que yo estaba haciendo un excelente trabajo con el Sr. Roth pues nunca él llegaba a saber lo que estaba pasando, Gestas me dijo que no podía hacer eso, una vez que él tomaba algo su primer impulso era correr aún cuando ni siquiera necesitaba correr, y a veces eso le costaba mucho porque las víctimas al verlo correr sospechaban que algo malo estaba pasando.

- Dimas: "La clave es ser cauteloso y analizar bien para que nadie sepa que estuvimos allí, por ejemplo, el otro día estaba siguiendo a una señora que tenía una bolsa llena de manzanas, mientras caminaba me acerqué a ella y le tome rápidamente tres manzanas, inmediatamente se dio cuenta de que algo estaba pasando, así que cuando se dio la vuelta le dije:

"Mi buena señora, estas dos manzanas se les cayeron de su bolsa", ella me sonrío y me dio una de las dos manzanas, como escondí una antes de que ella lo notara, tengo dos manzanas y todo el mundo feliz... ella no supo que yo era un ladrón."

- Gestas: "Wao... y cuántos años dices que tienes?"

- Dimas: "Doce... ¿y tú?"

- Gestas: "Catorce... vaya… no importa mi amigo, tú te manejas como un hombre ya."

Nos reímos muchísimo esa mañana, de vez en cuando nos reunimos para crear más arte, y con más arte me refiero a robar un poco aquí y allá. Éramos odiados por los rivales, las noticias sobre mí entrando de pelea en pelea por toda la ciudad era un dolor cada vez mayor para mi Madre, yo siempre le decía que estaba trabajando en cualquier trabajo que encontraba en la ciudad por si acaso tenía alguna sospecha.

Esos días eran increíbles, Gestas y yo éramos bastante para toda la ciudad y lo mejor era que nadie sabía, aunque más tarde se supo que éramos nosotros gracias a nuestros rivales, pues ellos se encargaron de hacernos famosos, o sea ellos siempre propagaban que éramos ladrones, yo siempre tenía que luchar contra nuestra competencia, y nunca estaban a la altura de nosotros, siempre luche mejor que ellos sin importar que a veces fueran más.

Ya que estábamos en casa de mi tía, mi Madre era atacada verbalmente cada día y siempre era por mi culpa... las noticias por la palabra de boca de todo lo que yo estaba haciendo llego a mi Madre, ella vivía en miedo constante; yo realmente amo a mi Madre así que para hacerla feliz, decidimos irnos a Jerusalén.

El tiempo pasó rápido y ya yo tenía diecinueve años, Gestas se estaba divirtiendo con el Sr. Roth de vez en cuando, ya nosotros no le robábamos pan... pero nos gustaba echar a perder su horario moviendo la zanahoria enfrente de la mula, siempre la dirigíamos a subir colina arriba...

Puedo imaginar la cara del señor Roth cuando se despertaba de nuevo en el mismo sitio de dónde él venía; fue un día triste, yo y mi Madre teníamos un acuerdo para volver a casa después de años en Egipto, pero mi amigo Gestas se quedaba.

- Dimas: "¡Hey ladrón, te diviertes con el Sr. Roth otra vez?"

- Gestas: "Sí, se pone cada vez más divertido."

- Dimas: "Mi amigo, yo y mi Madre llegamos a un acuerdo...volveremos a nuestro país."

- Gestas: "Vi que eso venía mi querido amigo, tú quieres mucho a tu Madre y toda esta lucha por la ciudad le debió pesar mucho a ella, creo que esa es la razón por la que estás dejando todo esto... no?"

- Dimas: "Si, sé que vas a estar bien amigo, a veces sé que te pones un poco loco... pero te irá bien sin mí, yo no puedo seguir haciéndole esto a mi Madre más, y además me gustaría ir a la ciudad santa... ha sido un sueño para mí durante mucho tiempo."

- Gestas: "Espero verte de nuevo, ladrón."

- Dimas: "Si Dios quiere, así será... que la paz sea contigo."

- Gestas: "Paz, mucha paz ladrón..."

Jerusalén, es una ciudad impresionante, a pesar de lo difícil de vivir allí luchamos durante años, he tenido que hacer lo que sea para llevar comida a nuestra mesa y era difícil ser... HONESTO. ¡En serio! Tuve que prometer a mi Madre que nunca robaría o pelearía más y que iba a confiar más en el Señor YO SOY (Dios), así que tuve que tomar cualquier trabajo que me ofrecieran y la mayor parte del tiempo era por muy poco dinero, mi suerte empezó a cambiar alrededor de mi cumpleaños número 22, conseguí un trabajo limpiando mesas en una taberna...

Mi jefe era un judío llamado Juan, él no tenía familia y estaba muy orgulloso de ser de Judá, si me preguntan a mí, puedo decir a confianza que no vino de Judá sino del infierno, Juan ha sido el peor jefe que jamás yo haya tenido, Juan siempre trataba de encontrar una manera de no gastar en salario, incluso he visto como a veces ha escupido en algunas de las comidas para sus clientes.

El invierno se acercaba y había más trabajo, pero cada vez menos dinero, lo cual era un poco extraño, ya que debería ser lo contrario con tanto trabajo en mis manos, las circunstancias que me llevaron a mis viejas costumbres comenzó cuando Juan no quiso pagarme... él me mostró tres tarros con su mejor vino roto en pedazos.

- Juan: "Dimas!!... Qué ha pasado aquí? Mi mejor vino se ha ido! Lo has hecho a propósito, ¿no? Todo en tu vida es una broma para ti, ¿verdad? ¿Soy una broma para ti?, que crees que soy un tonto... ¿no? Voy a llamar a los guardias."

- Dimas: "Por favor espere, yo no sé lo que pasó, sé que no fui yo... tiene que creerme, por favor, Juan".

- Juan: "Espero que sea la última vez que te equivocas Dimas, no te voy a pagar, pero por el contrario... me debes tu sueldo y el siguiente, y si dices algo... llamaré a los romanos de modo que vayas a la cárcel.... De vuelta al trabajo!"

Era evidente que no era yo! Sabía que era el único empleado de la taberna en ese momento, estoy de mala suerte... esto es tan frustrante! Sé que a veces había alguien que le ayudaba con las comidas y creo que su nombre es Isaac... Eso creo, bueno... aunque yo no recuerde bien su nombre, ese día solamente estábamos yo y el jefe... Sé que el jefe está detrás de todo esto! Sé que él no me quiere pagar! Juan cree que es lo suficientemente inteligente como para robarme, pero él no sabe que yo soy el ladrón original de Egipto... bueno, rectifico... a causa de mi Madre... el retirado ladrón original de Egipto.

Al día siguiente, Juan tenía que ir al templo a orar; si claro... Juan siempre iba al Templo, para que pudiera ser visto dando dinero como ofrenda, a él le gustaba que la gente pensará que él era genial, él siempre aprovecha en esos momentos enviar al de la cocina al mercado, dejándome con todo el trabajo de limpieza; un día tuve un momento de suerte... la limpieza de la taberna la iba haciendo a mi propio ritmo, haciendo bien mi trabajo siempre preparándome para los próximos potenciales clientes y sus potenciales propinas, de repente alguien tocaba la puerta ruidosamente...

* Bang, bang, bang.

Los romanos? Los romanos estaban en la puerta!...

- "Abre, tenemos que celebrar, abre ahora!"

Así que abrí la puerta y puse una sonrisa en mi cara, aunque lo que yo quería era escupirles en la cara!

- Dimas: "Por favor entren... en que les sirvo?"

El lugar se llenó con una tropa de romanos y ellos querían vino, mucho vino! Empecé a darles servicio, las bebidas eran muchas y en poco tiempo estaban todos borrachos, algunos de ellos pagaron por el vino, algunos al estar borrachos se confundían y por error me daban más dinero, y otros a pesar de estar borrachos no querían pagar, después ellos se pararon y se fueron cantando en su idioma, en mis manos tenía una pequeña fortuna, así que rápidamente me fui a la parte de atrás de la taberna y enterré todo el dinero un total de 304 denarios, así que le deje cuatro denarios para mi amado jefecito Juan.

Cuando Juan volvió, miró con incredulidad todo el desastre dejado por los romanos...

- Juan: "¿Qué ha pasado aquí...? Todo está al revés! ¿Qué pasó Dimas? "

- Dimas: "Mientras no estaba usted, una tropa de Romanos vino, estaban a punto de tumbar la puerta y yo temía por mi vida... así que les abrí, ellos entraron y comenzaron a beber, bebieron casi todo el vino que teníamos en almacenamiento, no querían ninguna comida... solo vino, dejaron solamente 4 denarios y se fueron todos borrachos."

- Juan: "4 Denarios... 4 denarios? Pero eso no puede ser! Bebieron más de un 300 denarios de vino! 4 denarios? ... Oh, estoy perdido, estoy perdido!

Oh! Sí, así es... Y se lo merece mi corrupto jefezucho, el vino no se ha pagado aún al proveedor de vino, por lo que no sólo iba a ser un agujero de 300 denarios, pero lo más probable es que el proveedor presente una reclamación y Juan se encontraría a sí mismo en problemas y con su reputación manchada... me encanta!! No me importaba, él se lo merece... yo estaba mal pagado, maltratado y engañado a cada rato, el quitándome mi sueldo en numerosas ocasiones, por eso digo que no es un robo sino que se hizo justicia.

-SLAP!!

- Dimas: "Ahora, ¿por qué me abofeteas?"...

- Juan: "Es todo culpa tuya... Tú me arruinaste chico... No me importa si te hubiesen matado... Debiste dejar la puerta cerrada! ¿Por qué abriste la puerta para ellos? "

- Dimas: "Ahora, ¿cómo puede ser que yo soy el culpable? Usted sabe que nadie puede detener a los romanos, usted lo sabe! Si la puerta hubiera permanecido cerrada entonces, ¿qué sigue? Me habrían destrozado!"

- Juan: "No me importa! No me importa si eso hubiera significado tu patética vida, eres un tonto... no eres más que un asqueroso, Dimas estás despedido... No quiero verte nunca más... Bastardo sin valor!"

En ese momento yo no estaba pensando, rápidamente tome un gran trozo de madera que yacía en el suelo... ni siquiera supe como ese madero llego allí, yo primero le golpeé en las piernas, cayó torpemente al suelo.

- Dimas: "Nadie me llama bastardo, y me alegra mucho que esté arruinado!"

Le pegué dos veces, una vez en el brazo izquierdo y el otro en el pecho... le hice rogar por su vida.

- Juan: "Oh, por favor... por favor, Dimas lo siento... ten piedad".

- Dimas: "SIP, lo siento más yo que no hice esto mucho antes... adiós señor Juan."

Después de un par garrotazos más le di de patadas en la cara y cayo inconsciente, tomé algunos productos, el dinero sepultado, y antes de que el cocinero llegara, me fui!

Rápidamente fui al Templo a buscar a mi Madre, a ella le gustaba estar por ahí orando... orando hasta el aburrimiento, no sé cómo alguien puede hacer eso! Cuando la encontré yo le dije que me equivoqué en mi trabajo, le dije que Juan y yo tuvimos una pelea, luego ella se asustó por el pasado mío, pues este error mío podía ser el que me quitara la vida.

-Helen: "Me prometiste! Me prometiste hijo!"

- Dimas: "¡Sí, lo sé Madre... es que... mi empleador me tenía loco, él era abusivo y... bueno, no importa, estoy en problemas así que tenemos que irnos Madre, ahora!"

Tomamos camino fuera de Jerusalén, nos dirigimos a nuestra vieja casa de Belén, yo nunca le había dicho a nadie que éramos de Belén, sino que veníamos de Egipto... Yo tenía la esperanza de hacer un acto de desaparición, pensé: si volviéramos a Egipto allí es donde me van a perseguir y allá me podrían atrapar con el tiempo. Engañar a todos de esta manera era algo bueno, siempre esperando lo mejor y un nuevo comienzo.

Mi Madre se pasaba todo el día durante el viaje como siempre... hablando de mi padre, de lo mucho que yo me parecía a él, que necesito una esposa, que estaba preocupada por mi futuro, siempre me dice las mismas historias y siempre terminaba llorando.

- Dimas: "Mamá no llores, por favor... trata de entender que ahora tú marido está con Dios, vamos a mirar hacia el futuro y esperar por un nuevo día"

-Helen: "Gracias mi dulce Dimas, yo sé que él está en el cielo y es mi esperanza de que Dios Todopoderoso me llame a estar allí pronto para que yo pueda estar con Dios y con él... por favor Todopoderoso llévame pronto, por favor llévame rápidamente, date prisa YO SOY, encuentra una buena esposa para mis Dimas para que no este solo en este mundo... Dios mío, Tú eres YO SOY todo Misericordioso y hermoso, por favor llévame pronto."

- Dimas: "No digas eso Madre y vamos a centrarnos en este viaje."

-Helen: "..."

Durante casi medio día tuvimos que caminar hacia Belén nuestra ciudad natal, cuando llegamos allí, inmediatamente ya yo extrañaba a Jerusalén; Belén era un pueblo pequeño y feo, gracias a Dios que todavía teníamos nuestra casita... estaba un poco desordenada y necesitaba mucho trabajo, pero yo no tenía miedo a trabajar. Era el comienzo del invierno, me di cuenta de que no había ningún trabajo... pero no me importaba pues tenía 300 denarios a mi disposición, rápidamente compre algo de comida, cuando volví a casa me sorprendí de que un tío que nunca había conocido, estaba allí.

- Helen: "Dimas este es Benjamín tu tío... Él es el hermano de tu padre Simón."

- Benjamín: "Es muy bueno verlos a los dos, nos enteramos de que ustedes tomaron el camino a Egipto para salvar sus vidas, es muy bueno verles."

- Helen: "Del mismo modo, Benjamín... es una bendición volver a verte."

- Dimas: "Bueno, gusto en conocerlo Benjamín, estoy seguro de que usted se va a quedar a comer un poco... ¿no es así?"

- Benjamín: "Lo siento, no puedo ahora pero debes de venir a mi casa hoy, serán mis invitados de honor... por favor, vengan."

- Helen: "Debo disculparme pero no me siento muy bien después de todo este viaje, si quieres Dimas tu puedes ir, tengo que dormir un poco."

- Dimas: "Madre claro... bueno pues acepto tu invitación Benjamín."

- Dimas: "Te veré más tarde Benjamín, voy a estar allí pronto."

- Benjamín: "Por favor, llámame tío... Te estaré esperando."

Mi Madrecita lloraba en silencio, así que le pregunté qué estaba pasando y por qué nunca me había mencionado que tenía un tío...

-Helen: "Desgraciadamente no tenemos ninguna familia más que nosotros, Benjamín nunca nos ayudó mientras estábamos lejos, ni siquiera se molestó en saber cómo era o estaba su sobrino después de que su hermano fuera asesinado por los romanos... lo único que le importaba a él era todo menos nosotros... él envió a alguien a Egipto a decirme que quería esta casa, en ese entonces le dije que esta era la casa de mi hijo y cuando te hagas mayor entonces tu decidirías; esta casa fue dejada en herencia de tu abuelo a tu padre, yo realmente no entiendo por qué Benjamín quiere tanto esta casa para él!

Tu padre no quería que yo me preocupara con todos sus problemas familiares así es que no mencionaba más a su hermano, no te sorprendas si esta noche trata de comprarte esta casa."

- Dimas: "No te preocupes Madre yo no voy a vender, sé que esta casa es donde tú y mi padre vivían y creo que aún aprecias ese recuerdo todavía."

- Helen: "A pesar de que teníamos esta casa, yo sabía lo mucho que querías estar en la Ciudad Santa, yo no quería venir hasta que estuvieras listo."

- Dimas: "Sí mamá me encantaba Jerusalén... pero no te preocupes, me voy a dar un baño, sí?"

- Helen: "Sí."

Salí, tomé un poco de agua del pozo y me llevó sólo unos minutos estar limpio, me vestí rápidamente, Salí y vi a mi Madre con lágrimas en los ojos recordando cuando fui sanado por el agua que utilizó esa señora en el desierto para bañar a su hijo.

- Helen: "Yo sé que yo te he dicho mil veces esa historia, ya que estábamos huyendo de los romanos... pero me da mucha alegría y felicidad saber que Dios te curó de esa enfermedad horrible mi dulce hijo, me pregunto qué habrá pasado con esa familia?"

- Dimas: "Cuál era el nombre de esa señora y su hijo de nuevo?"

- Helen: "María y Jesús."

- Dimas: ". ¡Oh, sí ... sí, bueno ... ¡Vuelvo pronto Madre."

-Helen: "Sí mi hijo, ten cuidado allá afuera... eres todo lo que me queda en este mundo, hijo mío, ten cuidado."

Fui a casa de mi tío, quería saber que era lo que realmente quería y por qué. Nunca trató de conocerme cómo el único hijo de su hermano, así pues tenía muchas interrogantes; llegué allá con bastante rápidez a pie de mi casa y me presenté a su familia.

- Benjamín: "La paz esté contigo mi chico... esta es Keila mi esposa y este es mi hijo Jairo, por favor entra que estábamos esperando por ti."

- Dimas: "Paz a todos ustedes... gusto en conocerles, mi nombre es Dimas."

Rápidamente nos sentamos y Benjamín ni siquiera dio las gracias acostumbradas a Dios por la comida en la mesa... sé que soy un ladrón, pero al menos uno con principios.

- Dimas: "Benjamín Debo admitir que estoy impresionado, esta es una buena casa para un Pastor, en este pequeño pueblo."

- Benjamín: "Bueno las ovejas no dejaban mucho mi sobrino, tuve que prestar un poco de dinero aquí y un poco de dinero allí, empecé muy pequeño, pero ahora soy muy exitoso... pero estoy feliz de que ustedes estén de vuelta... es una pena lo de tu padre, hasta el día de hoy no sabemos lo que esos romanos hicieron con su cuerpo, pero de todos modos yo quiero hablar contigo acerca de un acuerdo que tu padre y yo tuvimos, el cual era, que yo adquiriría la casa en la que ahora tu estas de vuelta, sé que podemos renovar ese acuerdo de nuevo tú y yo."

- Dimas: "No, mi Madre me dijo que tú y mi padre no se veían a los ojos, pues mi abuelo le dejó la casa a él antes de su muerte, así que no sé por qué dices que tú y mi padre tenían un acuerdo cuando sé que de hecho no es cierto."

- Benjamín: "Mira, tú ni siquiera habías nacido cuando nuestro Padre le dio la casa a mi hermano menor a pesar que yo era el primogénito, pero olvídalo!

Tengo una propuesta para ti... Te voy a dar una granja en la afueras de Belén y 40 denarios para que puedas empezar tu propia cosa de ovejas o lo que quieras hacer."

- Dimas: "Disculpa Benjamín, pero la casa de mi padre no está a la venta, de todos modos con 40 denarios no puedo comprar ni la puerta de la casa! Como yo soy el hijo único puedo mantener a mi Madre, así que gracias... pero no gracias, buenas noches!"

-Benjamín: "Muchacho, no te alejes de mí... te arrepentirás de esto, vuelve que te digo!"

No podía quedarme, no se me veía como familia sino como un obstáculo que se debía superar, por eso nunca le pregunté por qué nunca quiso conocer a su sobrino; así que... ahora tendré que iniciar un negocio o algo así, ahora que nos encontramos en Belén mi Madre y yo... Pero qué? Perdóname padre pero ser un pastor o trabajar la tierra no es para mí, voy a tener que ser creativo... Qué será? Qué será?... Ya!... Una taberna!, Eso es... una taberna!

Una taberna inicie en mi propia casa (gracias Sr. Juan por el dinero!)... Era una taberna pequeña y la única en la ciudad... el negocio no era para hacerse rico pero nos mantenía, lo atendíamos mi Madre y yo solamente.

Diez años pasaron desde que llegamos a Belén, no éramos ricos ni nada, pero éramos muy contentos, gracias a Dios que nada de Jerusalén nos siguió hasta aquí! Aunque... Siempre me preguntaba sobre lo que dejé atrás con el Sr. Juan después de aquella paliza... Nah! No me importaba, a pesar de que Jerusalén estaba cerca de Belén, nunca hubo noticias de Jerusalén de nadie detrás de mí.

Durante el invierno mi madre se enfermó... ella no era la misma persona de antes, la misma que yo conocía: una mujer enérgica, con mucha vida, Madre dulce y cariñosa...

Su enfermedad comenzó de a poco, a pesar de que tomaba remedios la enfermedad no se sanaba, en un día brillante y hermoso ella empeoró, se desmayó en la parte de atrás de nuestra casa limpiando un pescado para comer, la puse en la cama, cerré la taberna y le dije que no me dejara que la necesitaba más que nunca, "por favor no me dejes Madre!" Me sorprendí al ver que ella estaba dándose por vencida, estaba dando la vida, como si quisiera que su muerte sucediera, le pagué a muchos médicos y aún a más médicos que tomaron nuestras finanzas cuesta abajo y nada parecía curarla, ha sido un infierno de año...

Yo no sabía que hacer más y un martes por la tarde me dio sus últimas palabras.

- Helen: (Era difícil para ella hablar) "Tú no me necesitas más Dimas........ Tú necesitas a Dios y yo tengo que estar con tu padre....... Te quiero mucho mi niño....... Yo te he amado....... toda mi vida......... He estado esperando este día....... Tengo muchos deseos de estar con tu padre....... y dentro de la Misericordia de Dios....... trata de vivir bien....... debajo de los ojos....... de YO SOY....... para que así podamos..... Verte...... a ti...... otra vez.... en el... para... í... sss.... oo....

- Dimas: (llorando) "¡Madre! ¡Madre!, Madre! "

Lloré durante meses, la taberna estaba a veces abierta algunos otros días cerrada, llegó el día que no pude más, así que cerré la taberna irremediablemente hasta que pudiera arreglar mis ideas y suavizar este dolor en mi pecho.... Un día, saliendo de Belén comencé a escuchar la risa de alguien...

- Ja, ja, ja, ja, ja ...

- Mira a tu alrededor Dimas, ¿ves alguna cara familiar?

- Dimas: "Jairo?"

- Jairo: "Sí, primo... soy yo Jairo, es que no puedo evitarlo... es tan divertido."

Jairo había crecido mucho, ¿cuán rápido pasa el tiempo... él estaba con dos de sus amigos debajo de un árbol y todos se reían.

- Dimas: "¿Qué pasa Jairo, que para ti es tan divertido, mejor aún... ¿sabes qué? No quiero saber... ahora mismo no tengo tiempo para ti, ¿no sabes que estoy de luto?"

- Jairo: "Oh sí, yo sé que estas, es simplemente irónico cómo la vida te trata... bastardo un día y al día siguiente sin esa prostitu... digo sin Madre. "

Creo que él estaba diciendo algo más a sus amigos, algo acerca de la casa de mi abuelo, algo sobre que era de ellos y después de ahí no oí nada más, todo era bla, bla, bla, bla, para mí, rápidamente me lancé a él y a sus amigos con mis puños, mi fuego interior se hizo cargo, esa rabia que utilice mucho en Egipto hace décadas atrás, tomó el control de mí mientras luchaba con tres hombres, no me detuve hasta que todos estaban cubiertos en sangre, al final estaban gimiendo, llorando y en dolor... después de ahí camine por un buen tiempo.

Salí de Belén sin pensar mucho en lo que acababa de hacer, lo único que yo podía pensar era que estaba solo en el mundo, solo en el mundo! No tenía esposa, familia o hijos... Sé que nunca tuve la oportunidad de eso de todos modos, mi padre y mi Madre estaban muertos, y yo estaba solo! Unos días más tarde me di cuenta de que estaba cerca de la ciudad de Jericó, supongo que caminé una gran distancia sin pensarlo mucho, estaba yo todo sucio, sin dinero, entrando en Jericó el hambre era demasiado grande, estaba desesperado... así que puse mis habilidades a prueba... rápidamente me tomé dos trozos de pan a una vendedora en la calle sin ella enterarse, pienso que sigo siendo bueno en esto, Madre lo siento!... cuando me estaba alejando del centro de la ciudad hacia el exterior, supe que tenía que volver pronto a Belén.

De repente oí:

-Ahí estas pedazo de tierra...!

Smack!

Algunas personas vinieron a mí de la nada y empezaron a golpearme con palos! Me estaban golpeando como si yo fuera una especie de criminal... ¡Espera un momento! Verdad que soy un criminal... alguien me golpeó y me dejó inconsciente, lo último que recuerdo antes de, fue:

- Ladrón... ladrón!

Me dejaron por muerto en medio del camino, no sé por cuánto tiempo estuve inconsciente, alguien me dijo después que mucha gente me pasaba como si nada, nadie hizo nada por mí... nadie! Un hombre de Samaria se compadeció y me llevó a una posada, después de haber limpiado mis heridas, pagó 20 denarios dándoles instrucciones para continuar mi atención hasta que él regresara, cualquier diferencia en dinero cuando él regrese sería pagada por él. Si me preguntan... eso es una gran pérdida de dinero y peor aún por un completo extraño, pero debo de admitir que necesitaba eso desesperadamente, nadie aparte de mi Madre nunca se ocupó de mí de esa manera; yo estaba muy adolorido por los golpes y al mismo tiempo intrigado por tal extraño gesto.

Una semana pasó en esta posada, estaba a la espera del samaritano en aparecer, mi proceso de curación fue rápido y todo gracias a este samaritano extraño, tenía que darle las gracias y decirle que le devolveré su dinero, después de dos semanas recuperándome de mis lesiones El samaritano finalmente llegó.

- ¿Cómo está mi amigo? Como todo el mundo lo ha tratado aquí?

- Dimas: "Estoy mejor gracias a ti."

- "Muy bien... Muy bien..."

- Dimas: "Ahora, debo saber... ¿Por qué me ayudaste... ¿Quién eres tú?"

- "Vi a alguien en necesidad y sentí compasión, en mi mente vi a alguien que ya había visto antes, la única vez que lo vi... Estaba radiante y con la sola necesidad de que se diéramos el corazón a Dios, Él enseñaba en el cima de una colina, enseñanza a quién quisiera escuchar, sus palabras viajaron y se quedaron atascadas en mí... aunque yo estaba lejos de Él, sus palabras viajaron con facilidad y cayeron sobre mí como un trueno, resonaron a lo largo de toda mi alma! "

- Dimas: "¿Qué palabras?"

- Él dijo:

"Bienaventurados los pobres en espíritu, porque de ellos es el reino de los cielos."

"Bienaventurados los que lloran, porque ellos serán consolados."

"Bienaventurados los mansos, porque ellos heredarán la tierra."

"Bienaventurados los que tienen hambre y sed de justicia, porque ellos serán saciados."

"Bienaventurados los misericordiosos, porque ellos alcanzarán misericordia."

"Bienaventurados los limpios de corazón, porque ellos verán a Dios."

"Bienaventurados los pacificadores, porque ellos serán llamados hijos de Dios."

"Bienaventurados los que padecen persecución por causa de la justicia, porque de ellos es el reino de los cielos."

"Bienaventurados seréis cuando os injurien, y os persigan y digan con mentira toda clase de mal contra vosotros (falsamente) por mi culpa. Alegraos y regocijaos, porque vuestra recompensa será grande en los cielos."

"Así también persiguieron a los profetas que fueron antes de vosotros. Vosotros sois la sal de la tierra. Pero si la sal pierde su sabor, ¿con qué será salada? Ya no sirve para nada, sino para ser echada fuera y hollada bajo los pies."

"Vosotros sois la luz del mundo. Una ciudad asentada sobre un monte no se puede esconder. Ni se enciende una lámpara para ponerla debajo de un celemín, sino que se encuentra en el candelero, para que alumbre a todos los de la casa sólo para que vuestra luz brille ante los hombres, para que vean vuestras buenas obras y glorifiquen vuestro Padre celestial."

- "Esas palabras están todavía dentro de mí como mi propia sangre... Yo quería ir a Él, quería hacerle preguntas, pero la multitud me mantuvo lejos de donde Él estaba. Yo no dejaba de repetir estas palabras y quise vivir en ellas, no dejaba de pensar que voy a recibir Misericordia si soy misericordioso, pero ¿cómo puedo ser compasivo si no sé el verdadero significado de Misericordia?... De repente saliendo de Jericó a Betsaida hay estabas amigo... mi mente me jugaba trucos a mí porque no te estaba viendo a ti sino a Él! Me sorprendí al ver que era El...

"A pesar de que los Judíos y los Samaritanos no se llevan bien, a pesar de nuestras diferencias, mi alma tenía un fuerte deseo de ayudarle, no pude evitarlo! Mi alma necesitaba servirle... Entonces comprendí por fin! Que el deseo de ayudarlo era una epifanía de Dios... Dios rocía la lluvia sobre el buenos y los malos, y que la acción de amor que Dios toma, es Misericordia! Así que me llegó este conocimiento: La Misericordia son los brazos y las piernas del verdadero amor, estos brazos y piernas actúan sobre todos nosotros para nuestro bien, así que si me convierto en una extensión de esa Misericordia, mi Dios maravilloso en el cielo me dará Misericordia, dejándome vivir una vida con Él para siempre! Como Él dijo: "Bienaventurados los misericordiosos, porque ellos alcanzarán misericordia."

"Ahora, después de esa epifanía... no le vi más, solo te veía a ti... Hice mi mejor esfuerzo para cuidar de tus heridas, yo sé lo que vi y sé que esto está bien, yo te digo la verdad yo le rogaré que pueda hacer este tipo de trabajo a lo largo de toda mi vida... Por favor, mi hermano no creas que estoy loco, sus palabras me cambiaron para siempre y quiero vivir mi vida siendo misericordioso, para que mi Padre en el Cielo me dé Misericordia, Yo sé que si persevero puedo ser sus brazos y piernas aquí."

- Dimas: "No... no estás loco! Pero espera... ¿quién era esa persona de la que hablabas? ¿Y cuál es tu nombre?"

El Samaritano se dirigió hacia el dueño de la posada, les dio 20 denarios más, se acercó a la puerta y antes de que mis labios pudieran decir algo, estas fueron sus últimas palabras:

- "Mi amigo no te preocupes por mi nombre, yo solo soy alguien que ama a Dios, alguien que da Misericordia por amor a Dios, el nombre del hombre que dijo esas palabras que me refería, su nombre es Jesús... si alguna vez lo ves... síguelo, no te sentirás decepcionado... bueno amigo mío, la paz sea con vosotros."

El samaritano se alejó de mi vida en un abrir y cerrar de ojos! ni siquiera tuve la oportunidad de darle las gracias correctamente; aún sentía dolor por mis heridas y no podía superar la muerte de Helen, sabía que debía volver a casa, la gente de la posada fueron lo suficientemente buenos para darme comida y agua para el camino, me uní a una caravana que iba a Betsaida y como Belén está cerca de ese pueblo, estaba encantado de ir.

Durante el trayecto me encontré con un viejo amigo dentro de la caravana...

- Dimas: "Gestas...?

- Dimas: "Gestas! Saludo al ladrón original de Egipto..."

- Gestas: "¡No puede ser! Dimas viejo amigo! Cómo están las cosas... Qué noticias tienes?"

- Dimas: "Nada de la vieja vida, ya sabes... mi Madre me hizo salir de ella."

- Gestas: "Lo siento, pero nadie me puede decir cuando parar... ese soy yo, lo que soy... soy y me encanta."

Gestas mi cómplice en Egipto, con el un poco de robar aquí y allá desde cuando éramos niños y sin nunca atraparnos fue una delicia, lo único que nunca me gustó de él, es que a veces era tonto y salvaje, siempre me ha gustado pensar antes de hacer cualquier trabajo, escuché por la palabra de boca de uno de sus familiares, que después que llegamos a Jerusalén él mató a alguien durante un robo. Para mí matar por un robo era una aberración, yo soy el tipo de ladrón (bueno, solía ser), que para mí era una especie de arte, como un mago haciendo trucos... ahora lo ves, ahora no lo ves, nadie sabía que era yo y la anonimidad es valiosa. A pesar de que nunca nos atraparon algunas veces encontrábamos problemas con las autoridades, a veces con la gente y algunas veces con nuestros rivales, y siempre era culpa de él... matar gente era una locura para mí.

Hablamos durante horas sobre cosas que hicimos en Egipto, todo lo que me pasó con mi Madre en Jerusalén, me dijo que tuvo que huir de la vieja ciudad a causa de una mala situación con unos rivales y huyó a Jericó; era como los viejos tiempos, recordando el pasado, bromeando aquí y allí... Más tarde fuimos interrumpidos por dos hombres que pasaron cerca de nosotros.

- "¡Sí! Te digo que sí mi amigo, que fue precioso, ese Jesús es impresionante! Él puede curar cualquier enfermedad... incluso me enteré de que él puede sacar a los demonios de las personas poseídas."

- "¿En serio? Eso es increíble! Me gustaría verlo, quiero ver su siguiente truco."

- "No tonto, eso no es un truco... Jesús es un profeta de verdad, Él cura, Él expulsa demonios, incluso dicen que bendijo unas aguas en una boda y las aguas se convirtieron en vino, Él es real y enseña al pueblo con una sabiduría sorprendente."

- Dimas: "Disculpe, Cuál es el nombre de ese tipo que mencionó...?"

- "Jesús."

- Dimas: "Bien! Y usted decía que cura a la gente y dice cosas maravillosas?"

- "Sí, así es."

- Dimas: "¿Qué es exactamente lo que Él dice?"

- Bueno, yo le vi una vez... Estaba hablando a miles de personas, dijo algo así como: "Bienaventurados los que lloran, porque ellos serán consolados", "Bienaventurados los misericordiosos, porque ellos alcanzarán misericordia" y tantas otras cosas, pero esas son las únicas palabras que me recuerdo que ÉL dijo. "

- Dimas: "Yo he oído eso antes, en realidad es Jesús."

- Gestas: " Si ustedes me preguntan a mí, eso es sólo pérdida de tiempo."

- Dimas: "Mi Madre me dijo algo sobre un tal Jesús y su Madre María, mi Madre me habló de un milagro que se nos dio a través de ellos..."

- Gestas: "¿En serio?"

- Dimas: "Sí... Estaba muy enfermo y fui sanado con el agua que la Madre de Jesús utilizó para Él siendo niño."

- "Bueno, eso es increíble (El desconocido respondió), Él camina con mucha gente, incluyendo algunas mujeres, no sé si su Madre se llama María."

- Dimas: "No se preocupen, está bien de todos modos, gracias por esas noticias..."

- Gestas: "Sí gracias por la interrupción!"

Ellos se fueron con mirada extraña en sus ojos por lo que Gestas les dijo, me dije a mi mismo: "qué una historia sorprendente vino a nosotros y que era una coincidencia."

- Gestas: "Hey... regresa a la tierra Dismas... regresa..."

- Dimas: "Lo siento... Ha sido duro para mí últimamente, perdí a mi Madre hace tres semanas... casi mató a un hombre en Belén y finalmente en Jericó alguien me pateó el trasero bien fuerte."

- Gestas: "¡En serio! En Egipto nadie podía ganarte, ni siquiera yo! "

- Dimas: "Bueno, bajé la guardia... pero una buena persona me cuidó cuando estaba con dolencias, mis heridas se mejoraron debido a Dios primero y luego aquel hombre, pero con respecto a esa paliza... había mucha gente golpeándome al mismo tiempo, claro que me iban a ganar la lucha..."

Hablamos durante horas acerca de las cosas que hicimos en el pasado, las cosas que eran muy divertidas en ese entonces, ahora mismo Gestas era la única persona en el mundo que yo sabía que podía contar, Gestas se convirtió en el único amigo que tenía en el mundo. Llegamos a Betsaida, han pasado meses desde aquel incidente con Jairo, si tan sólo pudiera empezar de nuevo y olvidáramos todo lo que pasó, sinceramente no estoy de humor para otra pelea.

Caminando hacia nosotros vi a un viejo cliente de mi taberna...

- Dimas: "Hey Sr. Seth, ¿cómo está? Está muy lejos de Belén, por favor sepa que voy a abrir mi taberna pronto para todos mis buenos clientes."

- Seth: "Hola... ¿qué? ¿No sabías?"

- Dimas: "¿?"

- Seth: "La taberna se consumió en fuego... todo el mundo en el pueblo tuvo que ayudar para apagar el fuego."

- Dimas: "¿Qué? Benjamín, tiene que ser él! Fue por venganza de su hijo Jairo."

- Seth: "Jairo, en realidad te está buscando por todas partes, para así acusarte por la paliza que le diste, trataron de hacerlo mientras no estabas, pero la acusación no fructificó debido a tu ausencia."

- Dimas: "Le agradezco mucho por esta información Sr. Seth."

- Seth: "Dimas por favor toma este humilde consejo... trata de empezar de nuevo en otro sitio, no vale la pena meterse en más problemas, la paz sea con ustedes...."

- Dimas: "Paz..."

- Gestas: "Si vas a hacer algo mi amigo... cuenta conmigo."

- Dimas: "Supongo que no voy a hacer nada... Estoy cansado, necesito ir a un lugar que no me conozcan y no me puedan encontrar, sé que con el tiempo van a pensar que nunca voy a volver y simplemente dejaran todo a descansar."

- Gestas: "Mira... si yo fuera tú, sólo tienes que esperar buen momento para atacar... si están muertos, sus acusaciones nunca saldrán a la superficie, a veces crees que van a olvidar... pero sucede todo lo contrario."

- Dimas: "No, Gestas... Nunca fui un asesino, fui un ladrón... a pesar de lo que dices pueda ser cierto, mi Madre nunca lo aprobaría si estuviera viva, la muerte no es lo que soy... así que no! eso está fuera de cuestión."

- Gestas: "Bueno, si quieres, lo haré por ti..."

- Dimas: "Gestas NO... dije que no! Desde cuando matas a la gente mi amigo...? Te digo que lo dejes en paz."

- Gestas: "Lo siento... es sólo que a veces, cuando estás acorralado uno lo hace, y una vez que pasas esa línea... llega a ser fácil volver a hacerlo."

- Dimas: "Bueno, Gestas lo siento, por favor... déjalo en paz."

No pasamos mucho tiempo en Betsaida, otra caravana iba para Egipto, nos fuimos pues ellos iban a pasar por Belén, inconscientemente quería ver a mi casa por última vez. Llegamos de noche, tenía que permanecer tranquilo en mi tienda lejos de todo, trataré de ver la casa en la madrugada antes de que la caravana comience a dirigirse a Jerusalén... Gestas quería salir, me dijo que tenía que ver a mi pueblo.

- Gestas: "Me voy mi amigo, voy a ver a tu pequeña ciudad."

- Dimas: "Por favor amigo, ve a mi casa y comprueba todo, así me puedas decir por la mañana, trata de no meterte en problemas... por favor trata de no complicarme más las cosas a mí."

- Gestas: "Más complicado de lo que estas mi amigo?"

Le di algunas instrucciones acerca de dónde estaba mi casa, luego me fui a dormir y un poco más tarde, ¿qué sabes tú? sorpresa! Resultó ser mi más grande error! Gestas llegó tarde hablando y respirando con dificultad.

- Gestas: "Ahora ya no tendrás más problemas mi amigo, ahora debes ser fuerte... ja, ja, ja, ja, ahora no tienes enemigos, ja, ja, ja, ja."

- Dimas: "¿De qué estás hablando tonto, yo necesito dormir... ¿qué es?"

- Gestas: "Salí de la ciudad a revisar sabes, fui al lugar que me dijiste y sí, estaba en ruinas... todo quemado, pero de repente un par de hombres llegaron a las ruinas, yo ya estaba adentro de la casa quemada así que me escondí, no me vieron y se hablaban entre ellos mismos."

- Benjamín: "Él no es de la familia, después de lo que te hizo Jairo!... si Dimas muestra su cara yo personalmente le estrangularé hasta que la vida este fuera de él, lo haré con mis propias manos! Le soporté todos estos años, siempre luchando la idea de matarlo y matar la mujerzuela que lo parió, pero ahora ella se ha ido y él trató de matarte... Incluso si me toma toda la vida voy a encontrarlo y matarlo."

- Jairo: "Y qué vamos a hacer con estas ruinas."

- Benjamín: "Ve y encuentra a tus amigos, son buenos trabajadores... ya sabes ellos necesitan la paga, aunque sé que no podré utilizar esta propiedad para nada más que almacenamiento, valdrá la pena... finalmente tengo la casa que debió de ser mía desde el principio, mi madre quería que yo la tuviera, pero fue decisión de mi padre dársela a Simón."

- Benjamín: "Siempre tuvimos una mala relación pues él siempre fue el preferido ante los ojos de nuestro padre, yo siempre tenía que ceder, ceder, ceder! Porque él era el hijo preferido... bueno basta de eso! Simón está muerto y su hijo pronto lo estará, ahora ve y dile a tus amigos que se necesita que trabajen... muévete!"

- Gestas: "Cuando el muchacho se apartó del viejo, yo estaba escondido en la parte de atrás, pero, donde yo estaba escondido por mi peso se rompió en mil pedazos... Yo debí ser más cuidadoso."

- Benjamín: "¿Quién está ahí?... Contéstenme!"

- Gestas: "Ja, ja, ja, ja, ja... viejo hoy es tu noche de suerte, pero también será la noche de suerte para mi amigo... Dimas!"

- Benjamín: "No quiero problemas, pero si te acercas este cuchillo va a parar en tus tripas!"

- Gestas: "Por favor... Voy a tomar ese cuchillo y rasgarte en pedazos, antes de que estés muerto, verás tus adentros regados en todo el piso viejo."

- Benjamín: "Por favor, te puedo dar dinero sólo pide."

- Gestas: "Viejo me quedaré con tú dinero y te mataré también, por desgracia para ti soy leal a mis amigos, y antes de que Dimas muera... prefiero que usted esté muerto mil veces más."

- Gestas: "El anciano me arrojó el cuchillo a mí, agarré el cuchillo en mitad del aire mientras tanto, él intentó escapar pero tropezó en su retiro, aproveché la oportunidad y le apuñalé en la espalda varias veces, empezó a llorar y gritar como el cobarde que es en realidad."

-Benjamín: "Jairo, Jairo, ayuda alguien! Por favor, me están matando, ayúdenme... Dimas y su amigo, ayúdenme...!"

- Gestas: "Yo estaba paralizado, al él no saber mi nombre empezó a gritar tu nombre! Eso fue raro... de todos modos después de un tiempo su voz comenzó a silenciarse, la vida comenzó a alejarse de ese hombre, tomé su bolsa de dinero y vine aquí... no te pongas suave Dimas, yo no estaba buscando eso, simplemente me cayó en mi regazo... mira aquí tenemos 70 denarios en esta bolsa."

- Dimas: (Sin palabras).

- Gestas: "No estás diciendo nada Dimas, te acabo de dar un regalo... Acabo de deshacerme de tu mayor enemigo... bueno, di algo Dimas!"

- Dimas: "Gestas eres un tonto, no me diste un regalo... me diste una maldición, mataste a mi tío y yo no quería verlo muerto, también porque él gritó mi nombre los vecinos colindantes van a pensar que yo fui el que lo hizo, mi tío era respetado en el pueblo, todo el mundo sabía que él y yo teníamos problemas... Sé que él y yo, no nos veíamos a los ojos, pero me quedé años aquí en Belén y él nunca me acosó, me dejó a mí y a mi Madre a vivir y trabajar en paz, supongo que con el tiempo se dio cuenta de que yo y mi Madre no teníamos nada que ver con lo que pasó entre su padre, mi padre y él."

- Gestas: "Pero Dimas le estaba diciendo el otro tipo que quería verte muerto! Vamos ahora no te me pongas suave, lo que está hecho, hecho está y además mira todo este dinero!"

- Dimas: "Yo no quiero nada de ese dinero, ahora tengo que huir mi amigo estúpido por tu culpa viviré corriendo... si yo fuera tú, haría lo mismo porque te vieron conmigo en esta caravana, pronto ellos vendrán aquí para buscarnos a nosotros, así que vámonos de aquí!"

- Gestas: "Tienes razón... vámonos."

Parece que he estado corriendo toda mi vida, esta vez no fue en busca de problemas sino que los problemas vinieron a buscarme, a veces así es la vida del ladrón... tú sueles dar problemas a todo el mundo, pero hay veces que los problemas vienen a llamar a nuestras puertas, es irónico porque yo traté de dejar este camino, pero los problemas vinieron de todos modos.

En Jericó me robé un par de panes y por primera vez en décadas fui castigado por ello, yo quería volver a una vida normal y todo lo que tomó para estropearlo todo, fue un viejo amigo de mi vida criminal pasada.... La vida es injusta, incluso para un ex-ladrón como yo... Por lo tanto, esto es lo que me pasa a mí por ser ladrón...

Aunque estaba prácticamente fuera, mi amigo llegó y lo arruinó todo para mí, lo peor es que no puedo ir a cualquier parte en busca de ayuda, porque no tengo a nadie más que a mí mismo. Pronto vendrán a esta caravana a buscarnos, entonces tuvimos que huir inmediatamente a Jerusalén, ya que Jairo sabía que yo viví la mayor parte de mi vida Egipto, me di cuenta que él va a ir allí primero; llegamos a la ciudad santa y allí permanecimos en silencio durante un par de semanas, Gestas tenía una casucha aquí en Jerusalén (en realidad se trataba más de un agujero de ratas que una casa), permanecimos allí durante un buen tiempo.

Yo todavía tenía mi Madre en mi mente, pensaba en ella todas las noches y siempre lo hacía con preguntas en mi cabeza, "qué hubiera pasado si?"... yo estaba durmiendo una noche y tuve este sueño: Yo estaba caminando por las arenas del desierto cuando de repente, escuchó a alguien gritando desde una distancia lejana, empecé a correr hacia el sonido de los gritos, el sonido se hacía cada vez más y más grande hasta que por fin llegué a una pequeña tienda, me detuve y vi a mi Madre adentro, ella estaba mirando algo o a alguien tirado en el suelo, le dije: "¿Por qué lloras Mamá?", pero ella no respondió, traté de tocarla en el hombro, pero mi mano la atravesó, ella lloraba desconsoladamente... yo no podía ver lo que estaba viendo en el suelo!! Así que di la vuelta para tener una mejor vista... la conmoción de saber que... era yo!, totalmente podrido... yo! Un leproso!... Putrefacción vi por todas partes, estaba casi muerto a causa de la lepra!... Me desperté en un mar de mi propio sudor.

- Gestas: "Dimas ¿estás bien?..."

- Dimas: "Sí... fue sólo un sueño."

-Gestas: "Dimas amigo mío, tengo que decirte algo y es que ha pasado casi medio año desde que salimos corriendo de Belén, necesitas empezar algunos trabajos aquí y allá... no puedes estar así para siempre!"

- Dimas: "Sí, tienes razón amigo, necesito comenzar algo... ¿qué tienes en mente."

- Gestas: "Estoy seguro de que podríamos encontrar algo de valor por ahí y robarlo... estás dispuesto? ¿Te acuerdas de cómo hacerlo?"

- Dimas: "Por favor, verás al maestro en acción."

- Gestas: "El maestro? El que conocí en Egipto o al que le dieron una paliza en Jericó?"

Los dos nos echamos a reír y salimos, éramos como esos chicos en Egipto otra vez... nadie sabía que estábamos robando hasta mucho más tarde, cuando ya nos habíamos ido; al final del día éramos un éxito en Jerusalén, al llegar al agujero de ratas teníamos una fortuna entre nosotros... bueno una fortuna pequeña, en total, teníamos 30 denarios, pan del templo, cuatro jarras de vino, incluso una espada romana! Por esta espada seguramente vamos a obtener un buen dinero... sí, era buenos tiempos de nuevo.

Pasó el tiempo y yo estaba al borde de cumplir mis 35 años dentro de pocos meses, caminando cerca de la antigua taberna donde trabajaba, vi que nadie de allí yo conocía, de hecho, era administrada por alguien más, supongo que aquellos 300 denarios fueron demasiado para el señor Juan... bueno, ¿por qué me debe de importar! Ha sido una eternidad la última vez que le vi, todo cubierto de su propia sangre... aunque el pensamiento llegó a mí como si fuera ayer, pero lo curioso era que tenía un sentimiento de pesar grande, traté de quitármelo de encima, hasta que en frente de mí pasaron los ojos más bellos que he visto en mi vida! Yo estaba cautivado por tanta belleza, tenía que saber quién era ella... ella, no era de la realeza... definitivamente era judía.

De repente, cerca de la entrada a Jerusalén un revuelo de gente en nuestro camino, me llamó la atención, todos estaban gritando:

- "¡Hosanna al Hijo de David, bendito el que viene en nombre del Señor, hosanna en las alturas."

Vi a muchas personas recibiendo a esta persona, tirando sus mantos y ramas de árboles en el camino... él pasaba montado en un burro y algunas personas preguntaban:

- "¿Quién es éste?"

- La respuesta era: "Este es Jesús de Nazaret, el profeta de Galilea."

Muchas personas iban detrás de Él y no pude seguir a la chica de mis sueños, ella se me escapó! Ahí va mi suerte otra vez... ella se me ha ido! Vi al Profeta directamente desde su izquierda... hombre alto, con barba, con una expresión tranquila en su rostro, él tenía un gran séquito con él, hombres y mujeres... Me reía porque un hombre estaba tratando de detener su séquito y le dijo a Jesús delante de todos.

- "Maestro, reprende a tus discípulos."

- Jesús: "Os digo que si ellos callan, las piedras gritarán!"

Lo hizo con autoridad pero tenía un semblante de paz, era el tipo de persona que era capaz de frenar la gente sin sentido y al mismo tiempo dar paz sólo con una mirada, nunca he visto a alguien alguna vez dar tanta paz, este Jesús me parece que es más de lo que parece... Yo quería seguir donde Él iba, pero mucha gente me bloqueaban, así que me cansé y me fui a la ratonera de Gestas y no salí más en el día.

La noche llegó bastante rápido al quedarme todo el día pensando en esta chica, me imaginaba una vida con ella lejos de todos mis problemas de persecución y todo lo demás...

El dulce pensamiento de tenerla a ella hizo que yo volara despierto el día entero, más tarde me dormí y tuve el mismo sueño... corriendo por el desierto para llegar a mi Madre mientras ella lloraba y verme desmoronado en pedazos, podrido delante de los ojos de mi Madre...

No podía escapar del sueño a veces, viéndome en ese estado putrefacto... incluso el olor se me quedaba en mi nariz creando en mi interior una sensación nauseabunda... siempre despierto en un mar de mi sudor, a veces el sueño se repite durante toda la noche,  a veces me despierto y veo a mi lado a mi mismo podrido... cuan horrible!

Era por la mañana y ya no pude seguir durmiendo, Gestas estaba en algún lugar de la ciudad desde la noche anterior, estaba disfrutando, bebiendo y acompañado de prostitutas, esa es la vida de él.

Me quedé toda la mañana pensando en esos ojos, y me pregunté: la volveré a ver otra vez? Qué puedo hacer para hacerla mía?... ¿Cómo podre cambiar mi suerte para mejor? ¿Puedo cambiar a fin de evitar más caos? ¿Tendré la fuerza para cambiar? ¿Puedo cambiar? Tengo poco dinero, me persiguen a donde sea que voy y si me atrapan el futuro para mí será negro... Matrimonio?... ¿Qué puedo darle a alguien allá fuera? Sé que solo le podre dar nada más que problemas! Yo estaba profundamente triste dentro de mi alma toda la mañana, más tarde se me ocurrió algo que me dio paz... lo que el Samaritano hizo por mí.

En un instante me acordé de todo lo que el Samaritano me dijo a mí, él parecía feliz, parecía caminar en el aire.... alguna gente cree que todos los Samaritanos son herejes porque ellos adoran a Dios en el monte Gerizim, para ellos ese es el lugar del Templo Sagrado, ellos se  llaman "los guardianes de la ley", yo no sé nada de eso, pero a mí por lo menos no los considero herejes por aquel Samaritano, ellos en mis ojos están bien.

El Samaritano sigue a Jesús el profeta y lo más probable que por eso sea expulsado de su comunidad... Me acuerdo que algunos decían que Jesús era el hijo del rey David... ¿y si esto era cierto? ¿Y si él es verdaderamente el hijo del rey David?

Sé que el pueblo está dividido por Él, algunos Judíos le odiaban y otros le amaban a ciegas. Las palabras del samaritano fueron golpeando en mi corazón y mi alma: "Bienaventurados los misericordiosos, porque ellos alcanzarán misericordia." El samaritano es misericordioso y recibirá Misericordia, y si yo soy misericordioso entonces misericordia debo recibir?

Una luz se encendió en mi alma como una lámpara, necesito desesperadamente la Misericordia de lo alto en mi vida, así que fui al Templo Sagrado... como sé que no soy digno de estar alrededor del Templo, empecé a orar en una esquinita a un par de casas de distancia; pero, la vi de nuevo... yo no tenía ninguna posibilidad contra esos hermosos ojos cuales interrumpieron mi oración justo a mitad, ella estaba caminando desde el templo hablando con un sacerdote que le dio una bendición y luego se fue con los guardias del templo, así que esta vez yo tenía que seguirla, tal vez mi suerte hoy finalmente cambiará. Ella es muy joven... muy joven y bella, se detuvo para hacer una compra en el camino, algunos mendigos llamaron la atención de los guardias, traté de acercarme a ella y de repente una mujer cercana le susurró:

- "¡Psst! Miriam... Miriam... por aquí... por aquí!"

Entonces ella comenzó a correr hacia esa mujer, los guardias la perdieron de vista y supongo que esa era su intención desde el principio, se fue a la parte exterior de la ciudad, allí  se veía feliz solo mirando el sol y la naturaleza... ella estaba tan feliz! Me imagine rápidamente a ella y a mí con un par de niños, danzábamos al ritmo de la naturaleza, se quedaron todos los problemas atrás, sólo estábamos nosotros disfrutando la vida con amor... dulce amor.

Oh! Madre que feliz es este pensamiento! Seguro que te habría gustado verme así... estoy seguro; de repente algo no estaba bien... un par de hombres vinieron y atacaron a las dos mujeres en busca de dinero, yo corrí como si no hubiera mañana, ella estaba en el suelo y lloraba mucho.

- "Será mejor que me des algo de valor en este momento o se arrepentirá!!"

Eso fue todo lo único que pude escuchar, no se dieron cuenta que venía y rápidamente a ese hombre llegué y le rompí la nariz con mi primer golpe, el otro trató de pegarme con un palo y falló, el impulso me llevo al suelo, instintivamente rodé a sus piernas y cayó de espaldas, le di un gran golpe en el estómago, mientras estaba en el suelo al mismo que le había roto la nariz empezó a darme patadas en el costado, los guardias bajaron corriendo y los dos delincuentes huyeron de la lucha corriendo cuesta abajo, cuando estaba a punto de huir... los guardias me atraparon.

Con lanzas alrededor de mi cuello no había mucho que pudiera hacer, de todos modos las dos señoritas estaban perplejas, por lo que no pudieron explicar de inmediato lo que había pasado, me llevaron a un lugar a los lados del Templo, estuve allá toda la tarde, hasta que alguien se acercó y me habló.

- "La chica que acabas de salvar, es mi hija y quiero darte las gracias, te pido disculpas por el comportamiento de los guardias, como usted podrá deducir mi hija me lo ha dicho todo, por favor... ¿cuál es su nombre?"

- Dimas: "Mi nombre es Dimas."

- "Bueno, bueno, Dimas... nombre griego que significa la puesta del sol... mi nombre es Yeshua, Dimas... por favor necesito saber, ¿cómo puedo pagarte tu buena acción de hoy?"

- Dimas: "Una buena acción es una buena acción que solamente puede ser pagada por Dios, así que estoy deseando sólo Su Misericordia dulce sobre mí, no tienes que darme nada."

- Yeshua: "Bien dicho... pero por favor, voy a tratar de acomodar todo lo que desees, por favor dime."

- Dimas: "No necesito cosas materiales, único.... no, olvídelo, es una locura... me estoy haciendo viejo a los 35 y sé que no querrá saber lo que acaba de llegar a mi mente."

- Yeshua: "Por favor, tengo que saberlo."

En mi mente ya yo estaba cansado de la vida que estaba llevando, cansado de todas mis desgracias y querer algo mejor para mí sin lograrlo, este hombre me estaba tratando de acomodar, yo estaba ansioso por decirle desde lo más profundo de mis pulmones que yo estaba enamorado de su hija, pero creo que Yeshua parecía alguien de gran importancia, así que creo que tal vez sería una gran metida de pata si le digo lo que siento aquí.

- Yeshua: "Por favor, tengo que saber."

- Dimas: "Quiero su permiso para hablar su hija de una manera amistosa, para ver si podría llegar a conocerla y Miriam poder llegar a conocerme."

Su cara cambio, de ser una persona tan dulce conmigo a una persona totalmente perpleja e incrédula, luego de la nada una gran carcajada salió...

- Yeshua: "Ja, ja, ja, ja, ja... Tienes razón Dimas, es una locura... mira pequeño pedazo de abono, porque salvaste a mi hija no le diré nada a mi padre... el Sumo Sacerdote Caifás, que tu querías para ti mismo a su nieta preciosa, voy a dejarte ir Dimas, alcanzarás misericordia hoy, eso es exactamente lo que tú está buscando de Dios...

- Yeshua: "Si alguna vez me entero que estás cerca de mi hija, voy a hacer que te arresten... ¿qué es lo que estás pensando? Es obvio que eres es un hombre de clase baja, no tienes familia de gran importancia y nadie te conoce aquí, así que te agradezco mucho por salvarla, pero no quiero volver a verte jamás... ¡¡Guardias!!"

Mi suerte me ha fallado otra vez, me engañe a mí mismo, tomé la oportunidad y fracase estrepitosamente; Yeshúa es un sacerdote y su padre el sumo sacerdote! Ahora he puesto a todo el clan sacerdotal en mi lista de enemigos, mi mente está a punto de arder en llamas, los guardias me echaron a la calle, creo que me quedé allí en el suelo durante un tiempo, la gente pasaba por allí y no les importaba... para decir la verdad yo no quería importarles... poco a poco me empecé a alejar, cuando una lágrima salió de mis ojos de la frustración, más lágrimas comenzaron a bajar en silencio, a pesar de que Yeshua estaba en lo correcto al actuar como lo hizo, pues era verdad...yo no era nadie!! Esperaba que milagrosamente yo pudiera alcanzar mi sueño de fantasía, pasar mi vida con ella y tener los hijos que ambos en mis sueños anteriores podrían haber tenido, un pensamiento me vino a la mente...

"Bienaventurados los que lloran, porque ellos serán consolados."

Jesús... Jesús dijo esas palabras, sé que ahora mismo necesito algo de consuelo, hoy más que nunca, el profeta podría tener algo de Dios en esas palabras, tengo que volver a ser feliz, feliz como cuando mi dulce Madre estaba viva, estoy cansado de lo mismo todos los días! Estoy solo con estos sentimientos... Solo en el mundo! Es un lo mismo todos los días con un gran hueco en mi corazón, estoy cansado de todo lo que me ha traído desilusión, sufrimiento y lágrimas... Yo estaba caminando hacia el exterior de la ciudad, debajo de un árbol me arrodillé y desde lo profundo de mis pulmones exclamé:

- Dimas: "YO SOY... Mi Dios, Todopoderoso, Creador... (Llorando), lo siento mucho por mis pecados, prometo que de ahora en adelante nunca más pecaré, no importa lo difícil que será a partir de ahora, quiero ser feliz de nuevo, por favor, escucha mi DIOS mi dulce, dulce Dios... quiero ser tuyo, por favor, muéstrame el camino... "

Me quedé allí en el suelo llorando durante mucho tiempo, estaba tan cansado de todo y de nada... sin saberlo, me dormí y como siempre tuve la pesadilla de siempre, pero esta vez fue diferente: otra vez yo estaba corriendo por el desierto respondiendo al grito de mi Madre, llegué a la tienda, esta vez podía escuchar mi corazón latiendo por todo el miedo dentro de mí, pues sabía lo que sucedería después... Vi a mi Madre llorando al lado de alguien, sin ver quién era yo, sabía que era yo, el pútrido, viejo y desfigurado yo... de repente esta señora entró, una joven dama radiante y hermosa como el sol, creo que la he visto antes... Creo que la vi el aquel día con la comitiva que acompañaba a Jesús en la entrada de Jerusalén, sólo que estaba un poquito más vieja entonces... ella entró y le dijo a mi Madre...

- "Por favor, no llores... La Misericordia de Dios es Grande y tu hijo no se perderá, lo verás si lo limpias con el agua que utilice para limpiar a mi Hijo..."

Mi Madre dejó de llorar, aceptó su propuesta de utilizar el agua en mí, ella comenzó a echarme el agua, ya no soy más el espectador, yo era quien estaba siendo lavado! Toda la piel podrida comenzó a despegarse y mi piel estaba tan limpia como siempre, todo el pus, piel muerta, mal olor, úlceras... todo sanado por completo.

- Helen: "Por favor, necesito saber su nombre."

- "Mi nombre es María y esta es mi familia, el dormilón de allá es mi esposo José y el bebé en sus brazos es nuestro hijo Jesús."

- Helen: "Gracias a Dios todopoderoso, gracias Dios por este milagro, mi hijo está curado!"

Ahí cambió todo el sueño, toda la familia de María desapareció, toda la escena cambió, yo estaba en la casa que usamos para vivir en Egipto, allí, mi Madre con su hermosa voz me dijo...

-Helen: "El nombre de esa señora es María, su esposo José y el niño es Jesús... si alguna vez los encuentras mi dulce Dimas... mi dulce Dimas... sírveles a ellos en cualquier forma que puedas, porque creo que Dios los favorece mucho, y si les sirves a Dios, Él te sonreirá a ti."

Me desperté con la sensación de un tierno y dulce beso de mi Madre, supe que se trataba de Dios que me hablaba a mí... sentí que Él estaba satisfecho con mi oración y arrepentimiento... Dios me quiere para Él, Él quiere que yo siga a Jesús para así servirle en lo que pueda! Grité:

- Dimas: "Gracias YO SOY... Tú eres mi Dios, seguiré a Jesús! ¡Gracias!"

Yo entonces corrí tan rápido como podía, ya era de noche y nunca en mi vida he visto las estrellas brillar tanto... llegué a casa de Gestas.

- Dimas: "Gestas, Gestas, tengo que decirte, tengo que decir..."

- Jairo: "Hola Dimas".

Yo estaba en perplejo al ver a Gestas cubierto de sangre en el suelo rodeado de unos cuantos guardias del Templo con Jairo...

- Jairo: "No te preocupes Dimas él no está muerto, aún... la muerte vendrá lenta para ustedes dos, has sido un dolor de cabeza para mí Dimas, he gastado una fortuna tratando de encontrarte, pero en al final todo se resuelve para bien."

- Dimas: "Jairo no es lo que piensas, yo he cambiado... Quiero decir que lamento lo de..."

- Jairo: "Mi padre? No te sientas mal mi querido primo, yo sé que fue este idiota el que mató a mi padre y no tú, tu amigo le dijo todo eso a una prostituta y ella prefirió la recompensa por tu cabeza, si me preguntas Gestas me hizo un gran favor al hacerme rico, tener el control de todo lo que mi padre tenía es una bendición y ya nadie me dirá que hacer!..."

- Jairo: "Pero nunca voy a olvidar la paliza que me diste, he tratado muy duro para localizarte, mis fuentes me han dicho mucho acerca de ti y tu pasado, mi venganza será tan dulce como la miel."

- Dimas: "Por favor Jairo, entiende que estaba de luto y no tuviste respeto a mis padres, pero yo no soy el mismo de antes primo, yo he cambiado, todo gracias a Jesús el profeta... por favor, yo lo siento mucho."

- Jairo: "El Nazareno? Ja, ja, ja, ja, por favor, definitivamente estás loco como todos los Judíos que le siguen a él, incluso algunos de ellos piensan que él es el Mesías... El Mesías, Ja, ja, ja, ja, el Mesías de Nazaret, ¡Ja, ja, ja, ja,.... Nada bueno ha salido de Nazaret y el Torá dice que el Mesías viene de Belén."

- Dimas: "El Mesías? Él es el Mesías?"

- Jairo: "No oíste nada de lo que acabo de decir?"

- Dimas: "(Llorando) Él es el Mesías!"

- Jairo: "Basta idiota... pronto voy a verte sufrir más allá de tus sueños más espantosos, para mi va a ser muy dulce."

- Dimas: "Por favor, Jairo perdóname... Yo sé que en mi corazón ya te he perdonado, por favor perdóname y perdona a Gestas, perdónanos por todo el daño hecho primo."

Entonces él vino y me dio un puñetazo en la cara, sus amigos que estaban de espectadores en una esquina vinieron y empezaron a hacerme daño, pero la revelación de que Jesús era el Mesías fue como una chispa dentro de mi alma, como un rayo y me dio gran esperanza. Después de que me dejaron de golpear los guardias me llevaron a la cárcel con Gestas, era el comienzo de la Pascua, por segunda vez en mi vida encarcelado (siendo la primera vez donde Yeshua); me duele mucho por dentro y más aún por la posibilidad de que Jesús era el Mesías y yo no poder estar donde quiera que Él estaba.

Yo estaba solo en una celda, Gestas fue llevado a otra celda, estuve orando por dos días pidiendo que Dios me perdone y si le place a Él, que me librara para así buscar a Jesús y seguirle, fue bastante duro para mí estos dos días, pero oro por un milagro, yo quiero seguir a Jesús a donde quiera que vaya.

- "Despierta pedazo de mugre! es la hora de tu juicio, vamos."

- Dimas: "Juicio?"

El guardia me llevó delante de algunos sacerdotes en el cual pude ver un rostro familiar, Yeshua! Yeshua... era un sacerdote, hijo del sumo sacerdote Caifás que estaba presente en la sala, era extraño porque lo único que hice fue darle una paliza a mi primo y sus amigos, yo no sabía por qué estaba en frente de ellos.

- Yeshua: "No me haces caso supongo, te dije que no te quería volver a ver de nuevo."

- Dimas: "La paz esté contigo Yeshua."

- Yeshua: "¿Qué? Parece que él quiere enseñarnos cómo ser decentes... ¡Ja, ja, ja, ja, ESTE ES EL HOMBRE QUE PRETENDIA CORTEJAR A MI HIJA! HA, HA, HA (Todo el mundo se reía), LA NIETA DE CAIFAS, EL SUMO SACERDOTE! HA, HA, HA (risa aún más profunda).

- Dimas: "Por favor, no sé qué delito grave he cometió que merezca esta comparecencia, fue solo una pelea y hay muchas pruebas de que es la única cosa que hice, pero hagan lo que ustedes quieran... la paz que tengo me es suficiente, yo les perdono de antemano."

- Yeshua: "Bueno, parece que has crecido desde nuestra última conversación... pero antes de que esto termine, necesitas saber que sea lo que sea que tengas será aplastado, los cargos en tu contra, son grandes la cosa es que... bueno yo no recopile toda la información, tampoco lo hizo este santo tribunal... pero es toda la gente que tiene algo en contra tuya... ya tu amigo Gestas fue encontrado culpable y se le entregó a los romanos para que le crucificaran pronto."

- Dimas: "...."

Jairo empezó diciéndole todo lo que sucedió durante los años entre nosotros y la forma como terminó la relación con la muerte de su padre.

- Jairo: "Todos sabemos que Gestas fue el que mató a mi padre, sabemos que estos dos eran socios y todo el mundo sabía en Belén que mi padre y Dimas tenían problemas, de repente de la nada su socio en crimen aparece, en el lugar correcto, en el momento adecuado y le mata! ... ¡Qué casualidad!"

- Yeshua: "¿Qué tienes que decir sobre esto, Dimas?"

- Dimas: "Es cierto que su padre y yo no nos veíamos cara a cara, pero yo no quería su muerte, es cierto que Gestas es mi amigo... por desgracia él sabía que yo tenía problemas con él, pues le di una buena paliza a su hijo y a sus dos amigos con mis propios puños, pero yo nunca he sido ni seré un asesino."

- Jairo: "Eso crees?... Todos ustedes de este respetado y honorable tribunal necesitan saber que tengo información creíble, de que Dimas es la persona involucrada en el asesinato de un Judío llamado Juan hace más de una década..."

- Dimas: "¿Qué?... pon fin a esto Jairo, eso es mentira!... detén esto, lo que dices no es verdad, quiero ver las pruebas de ese delito, sé que eso no es cierto!"

(Muchos empezaron a murmurar entre los sacerdotes del tribunal).

- Yeshua: "Todos tranquilos, tranquilos... por favor, ¿qué pruebas tienes de esto?"

- Jairo: "En aquel entonces Dimas era un ladrón procedente de Egipto que tuvo que retirarse debido a una promesa hecha a su madre, esto lo sabemos de Gestas, pero en mi seguimiento de Dimas en todas partes donde he tenido espías, me encontré con un joven que trabajó para el señor Juan, en la taberna donde Dimas solía trabajar; esta persona ayudaba al señor Juan en la preparación de las comidas en aquella taberna, mientras Dimas limpiaba y servía las mesas. El día en que el Sr. Juan fue encontrado muerto en su propia taberna, un hombre llamado Isaac estaba comprando algunas cosas para el Sr. Juan en el Mercado, al regresar le encontró muerto en el suelo."

- Dimas: "Eso no puede ser, yo lo deje respirando y vivo, no puede ser!"

- Isaac: "Es cierto miembros de este honorable Tribunal!"

- Yeshua: "Por favor, ¿quién eres?"

-Isaac: "Yo soy el hijo de Daniel y Mishra campesinos de Judea, ese día yo nunca lo olvidaré... todo lo que el señor Jairo habló es la verdad, ese día se me hacía tarde para llegar a la taberna, me retrase a causa de un espectáculo de marionetas en el mercado, al darme cuenta de que era tarde corrí, cuando estaba cerca de la taberna me extraño que vi a Dimas corriendo y alejándose de la taberna, una vez que entré, vi al señor Juan en el piso cubierto de su propia sangre... tenía la cara hinchada; sus últimas palabras fueron... Dimas!"

- Isaac: "Fui a los romanos, pero cuando llegué allí todos ellos estaban borrachos y cuando por fin llegué a hablar con alguien, me detuvo en la cárcel, pensaban que yo estaba allí para admitir que yo maté a alguien, una semana más tarde salí después de que alguien por fin me escuchó...

Nadie hizo nada por aquellos días pues hubo disturbios por toda la ciudad, fui al tribunal y ellos tomaron en cuenta mi declaración, luego me fui de nuevo a Judea."

- Yeshua: "¿Cómo el señor Jairo se puso en contacto con usted Sr. Isaac."

- Isaac: "Recibí la noticia a través de un amigo que una recompensa se ofrecía por información acerca de Dimas de Egipto, el único Dimas de Egipto que conocía era aquel con quien yo solía trabajar, así que tenía que ser él... cuando me puse en contacto con Jairo, él me dio una descripción de la persona involucrada y resultó ser Dimas que trabajaba para el señor Juan, el problema es que no se sabía a dónde él estaba, todo el mundo pensaba que estaba viviendo de nuevo en Egipto, no Belén."

Rompí a llorar... Yo no podía creer que el Sr. Juan estaba muerto!... esto tiene que ser una especie de broma, una broma de mal gusto.

- Jairo: (Susurrando al oído), ahora ¿dónde está esa paz tuya? ¿Dónde está esa luz en tu cara?, Todo lo que veo es angustia y desesperación... te lo dije... tan dulce como la miel."

- Dimas: "¡Mientes, todos MIENTEN... Sr. Juan no puede estar muerto... Lo dejé respirando...!!"

- Yeshua: "Por lo tanto, se confirma... que lo golpeaste hasta la muerte."

- Dimas: "Yo... yo... lo dejé respirando (llorando profundamente)."

- Jairo: "Ahora, ¿cómo puedes saber que un hombre de 50 años estaba enfermo y luego tus puños lo llevó a su muerte."

- Dimas: "Oh Dios, YO SOY... Lo siento mucho...! por favor, perdóname! Yo no sabía, yo no quería que eso sucediera!"

- Yeshua: "Es un veredicto fácil, estamos de acuerdo?"

No he oído nada más después de eso, en mi mente trataba de reconstruir ese día una y otra vez... yo no sabía que él estaba enfermo... tal vez esto es un mal sueño, un sueño horrible... luego vi a Yeshua poniéndose en pie con todos los otros Judíos.

- Yeshua: "Está escrito en la ley... aquel que tome una vida su vida le será quitada, serás dado a los romanos para que te crucifiquen."

La vida se me quería huir de mi propia carne, yo no lo podía creer... Yo un asesino? Me llevaron a una celda más abajo de donde estábamos, pasamos la noche allí yo y Gestas, el pobre... él estaba fuera de sí, el día siguiente vino y no dormí en absoluto, ni un poquito... nos llevaron a los romanos, ellos nos estaban esperando, Jairo estaba allí y gritó desde lejos:

- Jairo: "Tan dulce como la miel!"

Se dio la vuelta para irse, mientras yo era tomado prisionero por los guardias, me atreví y en voz alta le respondí:

- Dimas: "Jairo perdóname por tu padre... como sea yo te perdo..."

- Smack!

Un soldado romano me golpeó en el costado con el dorso de su lanza, todo el aire de mis pulmones salió... No podía decir lo que quería decir, me vi rodeado de sus risas, pero en mi mente no dejaba de repetir: "Te perdono." Era la Pascua, nos dijeron que en cualquier momento nos iban a crucificar, así que empecé a rezar más y más como nunca en mi vida, en mi celda había un tipo también en espera de ser crucificado, le llamaba Barrabás.

- Barrabás: "Eso no es necesario mi amigo, Dios no existe... sólo nosotros, pues sólo nosotros mismos nos hemos puesto en este lío y nadie nos va a sacar de ello."

- Dimas: "¿Cómo puedes decir eso, no tienes miedo de lo que está más allá de esta vida? ¿Quién sino Dios puso las estrellas allá afuera? Es necesario nuestras oraciones mi amigo, porque todos necesitamos la Misericordia de Dios."

- Barrabás: "Misericordia...? ¿Qué es la Misericordia?... Acaso es cuando alguien podría estar allí y decirte que todo estará bien? Misericordia acaso va a hacer que te sientas bien cuando estés lleno de tus malas acciones, puede Misericordia tomar malas acciones y llevárselas lejos?... Llevárselas para siempre?

- Dimas: "La Misericordia es Dios y Dios nos ha creado, si has sido creado es porque algo bueno pasó en orden para que usted pueda existir, mira el sol y las estrellas... no hay nada ahí fuera más bello que la luna... es una preciosidad, así que cuando miramos hacia arriba y admiramos esas cosas, El que nos creó nos ve, me imagino que Él se maravilla también cuando somos buenos como Él es, si nos portamos mal, está escrito que nunca vamos a verlo, quiero Su Misericordia ahora al final de mi vida, así poder ser capaz de verlo sin vergüenza, así que ahora me arrepiento de mis pecados y estoy esperando en Su Misericordia, ese mi más sincero deseo... es la base de mi oración."

- Barrabás: "Ja, ja, ja, ja... que estúpido eres mi amigo... Dios no existe... lo que existe es el amor de la gente, el amor de la gente... cuando eres un ganador todo el mundo te quiere! Amigo, yo cambio a Dios por eso todo los días, quiero decir, ¿dónde estaba El cuándo lo necesitaba..? Israel la nación escogida entre todas las naciones y somos esclavos de los romanos? Cuando me arrestaron me convencí definitivamente que no había Dios... Ha, Ja, ja, ja, ja."

- Dimas: "Voy a orar por ti para que tú puedas entender más temprano que tarde, mi amigo."

- Barrabás: "Por supuesto, haz lo que creas que es bueno para ti, yo sólo sé que no tengo salvación... ¿Dónde estará Dios cuando mi crucifixión comience? Cuando mis amigos y yo luchamos contra los romanos, estábamos tratando de pelear en la revuelta y hacer algo bueno para Israel, por desgracia mis amigos eran los únicos que querían luchar contra los romanos, queríamos que la ciudad entera nos respaldara, pero la gente de este pueblo son todos unos cobardes... COBARDES!"

- Dimas: "Revuelta?"

- Barrabás: "Sí, luché contra los romanos... también un pequeño grupo de hombres valientes, necesitábamos que todo el pueblo empezara a luchar con nosotros, pero recibimos nada en vez; no les hicimos mucho a los romanos, todo comenzó cuando matamos a un cobrador de impuestos que estaba acosando al pueblo con los impuestos, él iba acompañado por un par de guardias... Matamos el recaudador de impuestos, la corrección... como yo le maté! Pero los guardias entonces rápidamente llamaron a otros guardias, y así fue que comenzó la revuelta."

- Dimas: "Ningún remordimiento?"

- Barrabás: "No... Este cobrador era un aliado de los romanos, cada vez que tú puedas matar a gente como esa... es un buen día. Tratamos de que las personas se involucraran, teníamos algunas espadas ocultas, todo empezó con solo cinco y rápidamente creció a cuarenta hombres, sabíamos que los romanos lucharían, pero no duró mucho... yo fui el único que sobrevivió de cuarenta hombres valientes, fuimos masacrados... no pudimos involucrar a más gente, ¿por qué?... porque son cobardes, cobardes!"

Me sentía más y más cerca de mi muerte, rezaba cada vez más fuerte... Empecé a incluir a mis amigos Gestas y Barrabás en mis oraciones, en cualquier momento ahora vienen a buscarnos para ser crucificado. Crucifixión, era el último insulto... nadie quería ser crucificados, no sólo por lo obvio, morir... pero era como uno moría, era la falta de respeto más profunda para cualquier ser humano, todo el mundo temía ser crucificado, era un insulto para la gente y muchos se burlaban de quien recibía la cruz... Nunca vi a nadie ser crucificado, pero como me dijo Barrabás, nos iban a clavar allí y dejarnos que nos pudriéramos siendo ejemplo para quien quisiera desafiar a la autoridad, era la más grande humillación.

- Risa –

- Dimas: "¿Qué está pasando? ¿Vienen a sacarnos?"

- Barrabás: "No... Mira a un hombre se le está azotando!"

- Dimas: "¿Quién... qué?"

Yo no podía creer lo que veía, era... ¡Jesús! Jesús estaba siendo azotado! ¿Pero qué está pasando? Él es el Mesías! No lo entiendo! Miro su espalda desnuda con su carne toda desgarrada, por favor deténganse, no! noooo! Estaba llorando... No tenía fuerzas en mi voz y mis lágrimas corrían como un río, llore con desesperación.

- Dimas: "Por favor, YO SOY, Dios Todopoderoso... por favor ayuda a Jesús con Tu Amor poderoso, por favor escúchame Dios, sé que no merezco nada de Tu atención, pero este hombre es un buen hombre, dale tu ayuda!"

Dejaron de golpearlo con el látigo, enseguida le dieron de puñetazos en su cara, diciendo: "¿Quién te golpeó?", se reían en su juego enfermo, se burlaban de él haciéndole reverencia de rey, uno de los romanos le hizo algo de los ramos de un árbol y se lo puso en su cabeza, todos gritaban "¡Viva el Rey de los Judíos!"

Era insoportable ver todo eso, un capitán romano se enojó con ellos ya que sólo se les instruyó a azotarlo, luego se lo llevaron y todos seguían riendo como si fuera una especie de juego para ellos. Yo estaba en una esquina llorando durante horas, con una sensación de una gran nada... Lo único que seguía oyendo en mi mente era "dulce como la miel", estaba siendo arrojado a una gran nada...Tengo mis esperanzas en YO SOY mi Salvador, espero que Jesús también las tenga en Ti... y otra cosa vino a mi mente: "María, José y Jesús, si alguna vez los encuentras, sírvelos en cualquier forma que puedas Dimas, pues ellos son favorecidos por Dios."

- Dimas: "Madre... Madre, dile a YO SOY que le amo, pero fracase en servirles a ellos."

Varias horas más tarde pensé que iban a venir por nosotros, pero sólo vinieron por Barrabás.

- Barrabás: "Mira chico, qué te dije... Dios no existe."

- Dimas: "Voy a orar por ti Barrabás, para que veas la dulce misericordia de Dios."

Sólo se lo llevaron a él y no sé por qué.

- Dimas: "YO SOY óyeme por favor, escucha la oración de un hombre que pronto morirá... ten piedad de nosotros, ten piedad de Barrabás para que pueda ver Tu increíble poder, también por Gestas para reveles a él Tu Amor, danos fuerza para perdonar y olvidar, danos fuerza para arrepentirnos con un corazón sincero, para que podamos ver Tu Amor sin la vergüenza de nuestras malas acciones."

Luego vinieron por mí, patadas me dieron para forzar mi salida, me ataron inmediatamente a la cruz, vi a Gestas luchar y luchar, él no quería dejarse atar, pero el pobre no podía competir con la brutalidad de ellos, le dieron un en la ingle con la parte posterior de una lanza, Gestas les maldecía diciéndoles: "Bestias, bestias, mí trasero es más limpio que ustedes, Bestias!!!

Cuando empecé a caminar con esta cruz, vi a Jesús... ¡oh! Dulce YO SOY, Jesús está todo hinchado, él estaba completamente desfigurado por toda la violencia sufrida, no era agradable verle... le pusieron la gran cruz sobre Él a pesar de que Jesús no podía respirar bien, y no le ataron la cruz como a nosotros.

Mientras caminábamos hacia la colina algunas personas lloraban por Jesús, otros estaban escupiéndole en la cara, otros nos arrojaban basura a nosotros, esa multitud es más en número y más hostil que la gente que iba llorando por Jesús, entonces vi una cara familiar, Barrabás... Él estaba entre la multitud, era un hombre libre! Me sorprendí al saber que Dios hizo un milagro con él, el milagro de una segunda oportunidad! Mientras caminaba le pase de lado, él me ve... yo lo veo... me limité a sonreír, parecía que aún no creía que él estaba fuera y nosotros estábamos camino hacia el Gólgota... luego oí a Jesús.

- Jesús: "Hijas de Jerusalén, no lloréis por mí, llorad por vosotras mismas y por vuestros hijos por el momento llegará cuando ustedes dirán: ¡Dichosas las estériles, los vientres que no engendraron y los pechos que no criaron! Que van a decir a los montes: Caed sobre nosotros!, y a las colinas: Cubridnos! Porque si los hombres hacen estas cosas cuando el árbol está verde, ¿qué pasará con el seco?"

La madera verde, cuando la madera está seca no se puede esperar fruta de él, están talando el verde... uno que podría dar mucho fruto para ellos y lo estaban haciendo esto a sabiendas!!! Después de cierta distancia, Jesús volvió a caer con la cruz, los Romanos nos empujaron aún más, así que caminamos hacia la colina sin Él.

- Dimas: "YO SOY dame la fuerza para reconocer lo que estás haciendo, dame la fuerza para reconocer Tu Misericordia."

Fuimos a la parte superior de la colina, me desvistieron de mi ropa violentamente, gracias a Dios que tenía algo para cubrir mis genitales... yo estaba viendo cómo Gestas les estaba diciendo nombres a los romanos al mismo tiempo que era clavado, que horrible! Me acostaron en la cruz... era mi turno, el miedo se hizo presente y estaba tratando de zafar mis brazos fuera de las cuerdas cuando el primer clavo entró.

- Dimas: "AAAHHAH..... hhhh, BESTIAASSSS... BESTIAAASS... BESTIIIAAASS".

Luego segundo clavo entró a mi mano izquierda, cuando se disponían a clavarme los pies Jesús llegó... Yo estaba tratando de no maldecir, pero no fue fácil, el tercer clavo entró a mis pies y este era incluso más doloroso que los otros; Gestas ya estaba arriba en su cruz, estaban tratando de alzarme con mi cruz cuando Jesús fue clavado, el profeta no maldijo a nadie, no le dijo nada a los romanos... nada en absoluto! Sufrió el mismo dolor que nosotros con los clavos, pero ni siquiera le dio a nadie una mala mirada... le alzaron como a nosotros, mirando hacia el cielo le oí decir:

- Jesús: "Padre, perdónalos, porque no saben lo que están haciendo."

Estaba llamando a Dios Padre? Jesús, el profeta era su Hijo?... Todas las dudas se derrumbaron como los muros de Jericó después de sonar las trompetas, Él era verdaderamente el Mesías! Gracias YO SOY, gracias!... Por permitirme reconocer Tu Misericordia ahí justo en mi cara en Tu Hijo Jesús. Los romanos comenzaron a jugar por la ropa de Jesús como si fuera algún tipo de trofeo, las personas comenzaron a ser más desagradable con Jesús, pero Él nunca apartó de ellos su rostro.

- "A otros salvó; sálvate a ti mismo si eres el Cristo de Dios, el Elegido." (Otros decían "Sí, sálvate a ti mismo)."

Los romanos se estaban burlando de Él.

- "Sálvate a ti mismo si eres el Rey de los Judíos."

Gestas estaba bastante fuera de sí mismo diciendo lo mismo que los romanos y el pueblo:

- Gestas: "¿No eres tú el Cristo, sálvate a ti y a nosotros?"

- Dimas: "No temes a Dios, tú que sufres la misma condena Nuestro castigo es justo, porque recibimos lo que merecieron nuestros hechos, pero este hombre no ha hecho nada malo... Jesús, acuérdate de mí cuando entres en tu Reino."

- Jesús: "En verdad, en verdad os digo, que hoy estarás conmigo en el paraíso."

Me sentí en paz por fin! YO SOY me sonreía a través de Jesús... que Dios tan maravilloso eres YO SOY; la Madre de Jesús estaba allí y fue testigo de todo, ella era la misma persona que vi en mis sueños, ella tenía los ojos hinchados a causa de todas las lágrimas que lloraba por su hijo, el hombre que estaba junto a ella estaba en una especie de incredulidad, se asemejaba a una persona que no podía creer lo que estaba ocurriendo."

- Jesús: "Mujer, ahí tienes a tu hijo."

- Jesús: (A la persona al lado de su madre) "Ahí tienes a tu Madre."

Ya era tarde cuando todo se volvió oscuro, el sol no siguió brillando, cuando Jesús dijo:

- Jesús: "Eloi, Eloi, Lamma sabactani"

¡Dios mío, Dios mío, ¿por qué me has abandonado? Dijo El... Minutos más tarde, con una gran voz Jesús dio Su Espíritu YO SOY, todo se volvió oscuridad durante horas... inmediatamente después de morir un terremoto empezó a sacudir la colina! No sé cómo nuestras cruces no se cayeron, fue un gran terremoto dio bastante miedo, mucha gente estaba corriendo como ovejas con un lobo detrás de sus colas...

Gestas todavía estaba vivo y se echó a reír como un loco, el pobre ya no era él mismo, en cuanto a mí? Mi dolor ya no era dolor, mi corazón estaba llenó de alegría llegando yo al final de mi vida... al fin y por primera vez en mi vida yo estaba contento. Se me estaba haciendo más y más difícil respirar, las personas que corrieron a esconderse por el terremoto volvieron lentamente, la mayoría de ellos golpeando sus puños en el pecho, algunos rasgándose la ropa y echándose polvo en sus cabezas en señal de luto, Gestas no paraba de reír...

- Dimas: "El cielo es más azul que nunca Madre! Espero que estés satisfecha con el hijo que criaste, al final he encontrado mi camino... Te amo Helen, Te amo YO SOY, Te amo Jesús."

- (CRUSH!).

- Dimas: "! AAAAAGGHHHHH"

- Gestas: "AAAAAGGHHHHH!!"

Vinieron y golpearon mis piernas con algo, ¡oh mi Dios puedo ver el hueso de mis piernas afuera! Gestas estaba en la misma situación, aplastaron sus piernas... Oh dulce Dios ten piedad de nosotros, fueron a donde Jesús, pero parece que ya estaba muerto! Oh, este dolor es horrible! El soldado usó una lanza y la atravesó en el pecho de Jesús, increíblemente sangre y agua brotaron de su pecho, algunos estaban asombrados por el suceso, el soldado que clavó la lanza en Jesús estaba en paralizado del asombro y dos romanos tuvieron que alejarle de la cruz...

Oh! Señor, Gestas está muerto! Oh Dios ven y llévame ahora, te lo ruego mi Dios, no soporto más este dolor! Yo estaba colgado de los brazos, el dolor era tremendo, me fui durmiendo poco a poco en mi llanto y por última vez vi el rostro de la Madre de Jesús, hinchados por las lágrimas... Jesús tuviste a tu Madre llorando por ti y muchos amigos también, yo no tenía a nadie después de mi Madre Helen, por favor Jesús recíbeme en tu reino, YO SOY permite que esto sea, vamos per...miii...teee...lo... quee... sssseeeaa.... (Suspiro).

Abrí los ojos... ¡Qué curioso, no hay dolor!... Empiezo a mirar a mi alrededor y veo mi cuerpo por última vez colgado de la cruz, involuntariamente empecé a ir a un lugar oscuro y había mucha gente gritando y lamentándose, todas estas voces a la vez me asustaban más y más, curioso pensar que a pesar de que estaba oscuro sabía la cantidad de personas que estaban allí... eran millones! Empecé a bajar y bajar, tengo que decir que estaba asustado más allá de cualquier palabra pudiera explicar, de repente una luz se acercaba hacía mí, una hermosa luz que cambiaba las voces que se lamentaban, a voces suplicantes y pidiendo ser liberados. Esta luz era más y más brillante, espera! Es Jesús! Sí, resplandeciente como el sol con muchas almas resplandecientes detrás de Él; Jesús, al pasar... las otras almas rogaban su caso a Él, pero Él vino directamente hacia mí y me dijo: "Vámonos Dimas".

Empezamos a subir por encima de ese lugar, todas esas personas que se quedaron comenzaron a lamentarse y a llorar con más fuerza, volamos a través de la tierra hacia el cielo y más arriba, lo que vi fue más allá de nuestros sueños... a medida que ascendíamos vimos ángeles cantando y alabando AL QUIEN ENTREGO A SI MISMO COMO SACRIFICIO, nunca escuché algo más hermoso, cuando de repente alguien me toca por detrás...

- Dimas: "Madre... Padre!"

Se sonrieron al verme, ya ellos no eran viejos... Hey yo no tenía 35 años más! Me veía como de 20, estábamos en una especie de frenesí de felicidad, estábamos viendo el cielo mientras volamos con Jesús, llegamos a un lugar donde todo era como la tierra que dejamos atrás, pero mucho más impresionante! Me refiero que vi la hierba más verde que haya visto jamás, ángeles por todas partes, un río tan transparente que se podía ver el fondo desde la orilla, luz por todas partes! Era como si estuviéramos viviendo en los brazos del sol... era increíble!

- Helen: "Dimas... lo hiciste bien, estoy feliz por ti mi dulce muchacho."

- Simón: "Sí Dimas, estoy feliz de que yo fui tu padre... al final no es solamente lo que haces que define tu destino, tu destino se define en proporciones eternas una vez que reconoces que Dios te ama y tú no quieres ofenderlo, lo único que quieres hacer complacerlo a El... Estoy tan feliz por ti y por nosotros."

- Dimas: "Gracias YO SOY, por Tu Misericordia por medio de Jesús tu Hijo..."

-Jesús: "¿Están hablando de mí?"

Todos nos reímos...

- Jesús: "¿Ves todo esto Dimas? Todo es para los que creen en la Misericordia de mi Padre, Él tiene Su glorioso Amor para todos los hombres que creen en mí, desde ahora hasta el fin... todos los hombres pueden llegar al Reino de Mi Padre, solo tienen que venir a mí, tu suerte finalmente cambió Dimas... para mejor."

- Dimas: "(Me arrodillé delante de él) Gracias mi Rey, yo quiero hacer lo que debí de hacer desde un principio y seguirte adonde Tu Padre, YO SOY."

- Jesús: "Una vez que te presente a Él. Él estará encantado, lo sé porque nunca dudaste incluso en tu hora más oscura, mi Padre concedió tu oración al mostrar Misericordia a ti, y tu reconociste quién era Yo, te arrepentiste y Misericordia se te dio, abriéndose las puertas del paraíso para ti."

- Dimas: "Gracias."

- Jesús: "Tengo que irme ahora, mis discípulos me necesitan... quédate aquí hasta que yo vuelva para que pudiera presentar a todos ustedes a mi Padre Todopoderoso."

Todos nos arrodillamos y dijimos un fuerte "Sí" al Rey, y luego desapareció... Los ángeles estaban por todas partes, vi a Adán y Eva, Sansón, al hijo del rey Saúl... Johnathan y más se encontraban entre la multitud que salía de la cárcel que dejamos atrás, algunas de ellos con grandes méritos y algunos otros sin méritos como yo, era increíble, se podía sentir olas de amor por todas partes, lo más curioso era que las flores cantaban!... ellas cantaban: "Gloria a Dios Todopoderoso por Jesús, el Rey de Reyes."

Uno podía conocer en un instante la vida de las personas que estaban ahí contigo, qué hicieron, sus momentos de alegría, sus más grandes logros, sus familias... fue una gran sensación, podía hablar con mis labios y si quería hablaba a través de mis pensamientos, era increíble.

Entonces algo grande iba a suceder, todos los ángeles, nosotros, todos prestamos atención en Jerusalén... Jesús estaba resucitando! Su cuerpo entero Santo, roto y desfigurado como lo recordé en la Cruz, estaba brillando como el sol, limpio y glorioso... Los ángeles por todas partes empezaron a alabarlo y cantar en Su honor, también escuchamos desde las profundidades del abismo como el diablo gritaba como la bestia que es por su derrota, él no podía hacer nada pues era la voluntad de Dios y Su voluntad es Jesús, toda la Gloria a Él!

Jesús se levantó glorioso y hermoso de la cripta, un ángel quitó la piedra y los romanos corrieron del susto, todo lo que el Rey hizo... lo vimos.

También otras cosas vimos que se desarrollaron en torno a su hermoso nombre, vimos cuando los romanos se les pagaba por su silencio y dijeron a todos que los discípulos se llevaron a Jesús, vimos cuando Tomás le dijo a los discípulos que necesitaba poner su mano en el costado y con su dedos constatar las heridas de Jesús, vimos cómo El Rey pudo ser reconocido por María Magdalena, vimos cuando se apareció a Pedro, cuando se apareció a los dos discípulos en Emaús, cuando se apareció a los discípulos con las puertas cerradas, cuando ocho días pasaron y Jesús se apareció a Tomás, cuando se apareció a los discípulos en el Mar de Galilea... todo era maravilloso.

El día había llegado a recibir al Rey con todo el honor y la gloria, y eso es si le podemos llamar el hoy un día, porque aquí en el cielo no hay noches o días, me explicaron que se llama eternidad... Todos los ángeles recibieron al Rey con alabanzas, puestos de rodillas para el Santo Hijo de YO SOY, inmediatamente  El entró en el palacio, a lo largo de todo el cielo cantaron "Gloria al Rey de Reyes, el Cordero de Dios, el Hijo de Dios, el único digno de reconocimiento y alabanza en la unidad de Dios y el Espíritu Santo", repetían esta canción una y otra vez cuando entró al palacio, una vez adentro oímos una voz que se oía semejante a mil truenos, la cual dijo: "Hecho está." Sabíamos que esa frase venía de Dios Todopoderoso, refiriéndose que ya los hombres fueron liberados de la esclavitud del pecado y la muerte no tenía poder sobre ellos, todos estábamos alegres porque Jesús tomó Su asiento al lado de YO SOY.

Inmediatamente cruzamos el río para ser juzgados, cuando llegó mi turno... un mar de amor se desbordo cuando entré, un mar de amor dándome la bienvenida al Santo Tribunal, un tornado enorme de ternura en mi alma, con cada palabra que El Rey me decía era como si El me abrazara!

- Jesús: "Dimas... eres un hombre que tomó el camino equivocado durante lo largo de tu vida, eras un ladrón, un criminal, un asesino, aunque no sabías hasta el último momento que lo eras, la violencia y la ira tomaba lo mejor de ti y el mal te convertía en algo muy feo, por suerte para ti... tomaste para ti el Tesoro de los Cielos mi dulce ladrón, tienes Mi Misericordia, la cual a partir de ahora y para siempre, es Tesoro para todos aquellos que sean crucificados conmigo, muchos disfrutaran del mar sin fin de amor de mi Padre, y Yo; tu sufriste conmigo y viniste a Mi por redención... desde ahora y para siempre todos te recordarán como San Dimas, tu arrepentimiento fue tan hermoso como tu nombre griego que significa puesta del sol... a partir de ahora vas orar a mi Padre hermoso por la conversión de todos los ladrones, criminales y también toda la humanidad."

Jesús levantó su mano derecha sobre mí y sin palabras El le dijo a mí alma:

- Jesús: "Bienvenido hijo... bienvenido a casa."

Todos los ángeles empezaron a cantar Aleluya elogiando al Cordero de Dios, caminé hacia mi eternidad con una sonrisa... las casas de los santos se estaba construyendo para todos los futuros santos que adoraran al Padre y a Jesús... Su amor no se detiene allí pues el poder del Amor de los cielos irrumpió desde el palacio como un millón de soles, entendimos que era el Espíritu Santo de Dios moviéndose hacia la tierra, iba allí para estar con los discípulos y todos los que se bautizaran y aceptaran a Jesús como Señor... Todos se arrodillaron ante la fuerza poderosa del Espíritu Santo, vimos cómo el Espíritu Santo abrazaba a cada uno de los corazones de los discípulos dándoles gran Amor.

Todavía estaba sorprendido por Su Misericordia... yo, un ladrón en el cielo? Despierta Dimas! Este es el sueño más dulce que he tenido! Mejor aún... no despiertes!

Estaba mirando hacia la tierra y estoy viendo a los discípulos trabajar en favor del Reino, estoy viendo a Pedro quién traicionó a Jesús, Tomás que no creía, Pablo que fue poblando de Mártires el cielo, todo este conocimiento nos ha sido dado por Su gran poder! Él ha mostrado gran Misericordia para mí, un ladrón... el reino de Dios estaba lleno de eso: ladrones, prostitutas, traidores, mentirosos y la lista sigue y sigue, todos que se arrepintieron a tiempo y que reconocimos algo que era mucho más grande que la vida misma, nos dimos cuenta de Su Amor y Su Amor abrazamos arrepintiéndonos de nuestros malas acciones, depositamos nuestra confianza en Jesús, que es mi Rey y Salvador... y yo deseo que tú a Jesús le encuentres y consigas el Tesoro de los Cielos hoy como lo hice yo, Su Tesoro: Su dulce Misericordia. Amen.

# Mi Dulce Jesús.

Con una sonrisa acepto tu amor...
con los brazos abiertos Acepto tu Reino...
con alegría, Tu aceptas mi arrepentimiento...
Mi Señor, mi dulce Jesús.


Mis pecados son borrados...
Mi camino es creado...
con alegría abrazo...
A mi Señor, mi dulce Jesús.


Mi carne debo negar...
El mundo debo luchar...
Y la única manera de ganar...
Es con mi Señor, mi dulce Jesús.


Un niño debo ser...
Sé que en tus brazos soñaré...
Y en la colina de la muerte descansaré...
Al lado de mi Señor, mi dulce Jesús.

# Libro II:
## <u>EL ARTE DE LA GUERRA.</u>

# PREFACIO

Fue un buen día como cualquier otro día de los matones, el Imperio Romano estaba prestando servicio a sus clientes, Herodes el Grande murió y su reino se dividió en tres partes, en las que una de ellas no era en realidad un reino, pero sólo una sección romana. Archaelus hijo de Herodes, se le dio sólo el poder entre la gente de Judea, era una época turbulenta, hubo muchos levantamientos que fueron aplastados y muchas personas perdieron la vida. Longino era un buen soldado militarmente hablando, obediente, hábil, muy querido entre sus compañeros, y amado por sus superiores, fue un tiempo en el que estar lejos de casa demasiado tiempo, podría cambiar una bestia a un monstruo, la oración de un hombre inocente y un milagro que le recuperó la vista, le cambió para siempre. Esa lealtad a los ejércitos de Roma después de ese milagro, iba a cambiar a deserción, esos días el desertar del ejército era encontrar una sentencia de muerte.

# PROLOGO

El capitán nos ordenó no matarle ya que él lo quería preso para Poncio Pilato, Barrabás entonces vino a nosotros con su espada de juguete y yo le estaba viendo con mi ojo bueno que venía hacia mí rápidamente, en mi mente he recreado cómo iba a lidiar con él... Yo iba a acortar la distancia entre él y yo, saltando hacia él con mi escudo, así que me di un gran paso hacia él y al mismo tiempo mi capitán gritaba: "¡No lo mates Longino", y por supuesto que era el movimiento correcto departe mía, quiero decir... todo lo que visualice en mi mente que pasaría si lo manejaba de cierta forma y pasó justo así en la batalla, siempre me funciona, esta es una de las muchas cosas que me hacen ser el mejor soldado entre mis compañeros, acorté la distancia entre él y yo... tomé todo el aire de esta Judío al chocarlo con mi escudo, pateé su espada de sus manos y se lo llevaron cautivo... fue un buen día. No hay nada mejor para un soldado que un poco de acción, ahora, mientras caminamos de vuelta al pretorio, sólo sé que vamos a pasar un buen rato con este preso, esperamos que alguien venga pronto, para que así este criminal no sea crucificado solo.

Soy un soldado de Roma! Soy un soldado de Roma y el llanto es sólo para el enemigo! ... Ja, ja, ja, ja, este tipo Barrabás estaba llorando como una niña cuando lo capturamos; soy un buen soldado de Roma y yo he visto de todo, yo solía llorar en mi primer mes de servicio, mis compañeros me daban palizas por esto todo por causa del lloriqueo durante ese mes, después me construí a mi alrededor algún tipo de armadura invisible que me impedía sentir absolutamente nada después de tantas guerras, lo malo es que me enviaron a este lugar abandonado; si, soy incapaz de sentir compasión, soy incapaz de sentir piedad, soy incapaz de sentir amor ... Después de mi primera guerra, el asesinato de cientos de hombres, incluso penetrar mujeres ya no era bueno para mí, aunque he tenido cientos de ellas, participado con mis tropas en todos los placeres teniendo esclavos, oro, bienes, esto era normal en todas las guerras ... no era sólo la sangre que he derramado, pero los cientos de hombres que he matado y mis hermanos de armas que he visto muertos de una manera espantosa que me ha hecho el hombre que soy ahora.

Nos llamaron para aplastar un levantamiento aquí en Jerusalén, un recaudador de impuestos fue asesinado... No sé por qué vamos si el asesinado era un Judío, pero por palabra de boca ese cobrador de impuestos era amigo de Poncio Pilato, cuando llegamos a la plaza encontramos el cuerpo del Judío y el Capitán nos dijo que ese hombre era ciudadano romano, entonces fue cuando la sangre nos ardía en llamas, así que marchamos hacia estos cobardes... fue una masacre! ellos estaban tratando de involucrar al pueblo pero la mayoría fueron huyendo, el primer Judío que tuve le rompí el cuello con el borde de mi escudo, era aburrido luchar en formación, pero el capitán siempre era partidario de nosotros seguir protocolo y el protocolo siempre nos llevaba al éxito a pesar de que era aburrido, al final obedecíamos, así había menos muerto romanos! De todas formas después de romper algunas cabezas y degollar cuellos, el único que quedaba era un tipo gritando: cobardes! Cobardes! COBARDES!!!!

Todos estábamos riéndonos de él...

Los días pasaron y la tropa seguía ansiosa por ese intercambio de sangre, teníamos la amenaza de un levantamiento potencial nuevamente, ya que nos dieron las órdenes de azotar a un Judío llamado Jesús, nos dijeron que El mismo se autonombraba como el "Rey de los Judíos ", Josefo y Lacio le azotaron con 40 latigazos y por desgracia para este Jesús, Josefo y Lacio eran los tipos más fuertes de la tropa, tuvieron un festín con su carne, devolvimos a Jesús a Pilato, pero no estuvieron muy contentos porque estaba bastante golpeado... todos nos estábamos riendo.

- Josefo: "Estoy cansando de estos Judíos".

- Lacio: "Todos estamos cansados mi buen amigo."

- Longino: "Bueno, tenemos trabajo que hacer, creo que un poco más adelante vamos a crucificar a Barrabás y otros dos hombres..."

¿Y Qué sabes tú... teníamos una crucifixión, pero era la de Jesús el famoso Rey de los Judíos... nos reímos mucho porque nos enteramos de que uno de sus crímenes era que él mismo se llamaba a sí mismo el Hijo de Dios, bueno... como soldados hicimos lo que teníamos que hacer en el Gólgota, estaba furioso porque soltaron a Barrabás por indulgencia de Pilato, a la crucifixión ocurrir, Jesús oraba a Dios y oraba por todos nosotros, eso me sacudió un poco... mi risa desapareció por la oración de ese hombre:

- Jesús: "Padre, perdónalos porque no saben lo que hacen!"

Más tarde, uno de los ladrones estaba suplicando a Jesús para que lo perdonase, que cuando Él (Jesús), entrara en Su Reino, que de favor le recuerde.

- Jesús: "En verdad, en verdad os digo que hoy estarás conmigo en el paraíso!"

Jesús perdonando a un ladrón de sus malas obras, me sorprendió mucho porque no hay nada más desagradable que un ladrón... pues no tienen respeto por nadie.

De todas formas la demostración de poder fue lo que más me llamó la atención... el brillo del sol fue borrado del cielo, un terremoto sacudió la tierra entera, en esos momentos pensé que había hecho el mayor error de mi vida!

Hemos matado al Hijo de Dios! Hemos matado al Hijo de Dios!... Y ese fue nuestro error, uno de muchos... En primer lugar la orden de azotarle fue dada y éramos buenos azotando a las personas... cada azote que se dio fue con la fuerza de un caballo, cada azote que El sufrió dio apertura a su carne viva, todos estábamos riéndonos porque habíamos oído que Él se llamó a sí mismo "El Rey de los Judíos"... Rey de lo que odiábamos... los Judíos; es que algunos de nosotros nos arrojaron en esta tierra abandonada por mucho tiempo, ya que proporcionábamos seguridad a través del servicio militar en el Imperio Romano, el servicio que antes se utilizaba era de 16 años, pero llega Tiberio Cesar y prolonga del servicio por 20 años, es fácil vivir aburrido así en tierras de nadie.

De Jesús todos estábamos riéndonos, al terminar con El; Lacio... hizo una corona de cierto árbol para el Rey de los Judíos, una corona de espinas que le colocamos en la cabeza mientras todos gritaban:

- "Dios salve al Rey de los Judíos".

El Judío luego fue regresado a Pilato, pero más tarde regresó después de que les enviamos a Barrabás, estábamos confundidos pues era raro que alguien azotado se crucificara justo después, pero seguimos adelante y seguimos nuestras órdenes como los buenos soldados que somos, Jesús era su nombre... un hombre en sufrimiento debido al buen trabajo que hicimos, estaba hinchado porque le herimos en la cabeza, no era un espectáculo agradable de ver, pero no le di mucha importancia, lo preparamos a Él y otros dos para ser crucificados. En el Gólgota con los tres ya crucificados, nos pusimos a jugar por la ropa del Rey, no recuerdo si Josefo o Lacio tomó esa ropa... de todos modos lo que recuerdo es que Jesús no devolvió una sola palabra a quién trató de humillarlo, ni siquiera una mala mirada.

- Jesús: ". Elí, Elí, ¿lama sabactani?"

- Jesús: "Tengo sed."

Yo no sabía lo que eso significaba, uno de los soldados por el nombre de Stephaton tomó una esponja con vinagre en remojo, y luego se lo coloco en la boca... Jesús tomó de ella... Luego alzó la vista y dijo:

- Jesús: "Todo se ha cumplido."

- Jesús: (En voz alta) "Padre, en tus manos encomiendo mi espíritu."

Mi capitán dijo: "El hombre era justo fuera de toda duda". Desde antes de la tercera hora el cielo poco a poco se hizo oscuro y más oscuro, después de que Jesús murió un gran terremoto comenzó y todo el mundo empezó a correr asustados... Grité:

- "Verdaderamente, éste era Hijo de Dios!"

Tenía tanto miedo de que El mismo Dios saliera del cielo a matarnos, después de una eternidad el terremoto se detuvo y un poco de luz vino a nosotros... era una situación extraña, algunos Judíos vinieron a pedir a nuestro capitán que nos diéramos prisa con las crucifixiones porque el sábado iba a venir.

- Capitán: "Longino termina esto ahora..."

- Longino: "Sí capitán"

Con una rompe huesos empecé con uno de los dos hombres que estaban junto a Jesús, como Lacio hizo el otro criminal, yo vi que Jesús ya estaba muerto... así que no me molesté con El, pero mi capitán señaló a Jesús.

- Longino: "Él está muerto capitán.

- Capitán: "Asegúrate de que lo este."

Tomé mi lanza y arremetí la lanza en su costado, inmediatamente salió sangre y agua fuera... mis manos y mi cara estaban cubiertas de sangre y agua, me puse de rodillas mirando hacia el crucificado, nunca he sentido tanto amor en mi vida entera! Todo estaba tan claro para mí, yo me estaba quedando ciego del ojo izquierdo... fui sanado, fue un milagro!

Podía ver claramente ahora... Jesús era El Hijo de Dios no hay dudas, El Hijo de Dios y lo matamos! Yo luchaba dentro de mí, luchaba en contra de la culpa acumulada en mí, luchaba a través del disfrute del verdadero amor por primera vez en mí, la sensación abrumadora del amor era mayor que la culpa, sentía que fui perdonado por lo que hice, Su sangre y agua que broto me hizo dar cuenta de algo que Jesús dijo antes, algo que yo daba por sentado.

- Jesús: "Padre, perdónalos, porque no saben lo que hacen."

Algunos de mis colegas tuvieron que arrastrarme mientras estaba de rodillas, yo no escuchaba lo que mi capitán me decía, estaba paralizado con todo este amor que se derramó sobre mí; yo soy un soldado y he visto guerras, he matado a cientos de hombres, he visto miles de crucifixiones, pero éste es el que me hizo sentir de nuevo ... SENTIR! Así es como pude luchar en todas esas guerras y levantamientos, el ejército me enseñó a no sentir con el fin de hacer mi trabajo bien, Jesús tomo mi alma con su amor y esta... es mi declaración.

Mi nombre es Longino nacido y crecido en el Imperio Romano, serví dos césares: Augusto y Tiberio, he estado en el ejército durante 14 años y esta es mi declaración, la declaración de la libertad que tenemos en Cristo Jesús.

He estado en muchas guerras, he visto muchos horrores, he hecho cosas terribles en nombre del César, después de tantos años en el servicio me parecía que lo había visto todo, pero nada me preparó para esto... Llevamos a cabo nuestras órdenes, nos reímos y jugamos con la víctima, hasta el punto de que él ya no tenía rostro, le desfiguramos, Él estaba todo hinchado y cuando le clavaron en la cruz Él oró por nosotros, recuperé mi vista del ojo izquierdo por la sangre y agua que brotó de su costado cuando le clave mi lanza...

- Longino: "¡Alto, alto les digo... estoy bien, estoy bien..."

- Lacio: "¿Estás seguro de eso mi amigo? El capitán te estaba llamando por tu nombre y no respondías ...?"

- Longino: "Sí, estoy bien ..."
Tomé mi lanza, fui con el capitán y me disculpe por no escuchar lo que me ordenaba...

- Capitán: "¿Qué pasó allí Longino?"

- Longino: "Lo siento mi capitán, la sangre derramada en mi cara y en mi ojo izquierdo me han recuperado la vista"

- Capitán: "Estás bromeando verdad? nos habíamos dado cuenta de tus limitaciones en el flanco izquierdo y pensé que te estabas quedando ciego, pero ahora dices que has recuperado la vista?... Por Su sangre???"

- Longino: "Sí mi capitán, sabe que nunca le mentiría..."

Después de ese intercambio, me dijo con un gesto que permaneciera callado, luego un Judío nos traía una orden de Poncio Pilato para liberar el cuerpo de Jesús, el capitán nos dio la orden para desclavar a Jesús, dárselo a ese Judío y su familia; Lacio se dio a la tarea de liberar a Jesús en lo alto de la cruz, él le ató con un largo velo proporcionado por la familia de Jesús, al tomar los clavos fue bajado lentamente con ese mismo velo y dado a la Madre de Jesús... Pobre mujer, la Madre de Jesús tenía los ojos hinchados con ríos de lágrimas, otras mujeres lloraban fuertemente, pero ella lloraba en silencio profusamente. El capitán luego nos dio la orden de ayudar a transportar el cuerpo a su destino final... Lacio, Josefo y yo nos preparábamos para ir allí con el cuerpo muerto de Jesús.

- Capitán: "Longino, sólo se necesitan dos... deja a Josefo y Lacio ir y tu vienes conmigo!".

No podía rechazar una orden de mi capitán, él y yo nos fuimos a la ciudad después... en el camino vimos algunas personas asombradas por algunas personas que habían muerto y volvieron a la vida, la mayoría de la tropa no creía esto, pero yo sabía todo esto era posible por la muerte de Jesús en la cual Dios mostró Su poder, la mayoría de la tropa hacia las cosas que los soldados de Roma usualmente hacemos después de un crucifixión, sólo Stephaton, Afrodisio y yo estábamos en un estado de perplejidad, nos negamos a hablar, nos negamos a subir la cabeza, como es que nuestros líderes nos ponen en esta posición tan deshonorable.

Volvimos al pretorio y se nos permitió descansar por la tarde, luego mi capitán me llamó.

- Capitán: "Longino... acabamos de matar a un hombre inocente, quiero que estés concentrado porque no sabemos cuándo los Judíos tratará de matarnos en otra pelea, sé que este no era un hombre común y corriente, sé que has recibido un milagro de este santo mediante la recuperación de tu vista del ojo izquierdo, por favor... eres un buen soldado, a pesar de que sé que te estabas quedando ciego, no te cambio por toda la tropa, eres leal y el mejor luchador que tengo, tenemos que hacer nuestro trabajo en nombre de César y madre Roma."

- Longino: "Le agradezco mi capitán por sus palabras, tiene razón matamos a un hombre santo... Voy a tratar de concentrarme en el trabajo a mano, pero ahora mismo esto es demasiado para mí, hemos estado en muchas guerras juntos... Yo estaba separado siempre de mis sentimientos y emociones en aras del trabajo y de la madre Roma, hoy me siento avergonzado, no sé lo que pasó o por qué este hombre estaba allí en primer lugar, por qué me burle de él?, por qué le di de puñetazos?, por qué yo le empuje?, por qué me le mate...?"

-Capitán: "Ustedes saben que no cuestionamos nuestras órdenes por aquí, solo obedecemos, por desgracia, ha sido algo común tener un poco de diversión con los prisioneros, pero eso es lo que nos da un poco de ventaja en la batalla, acaso cómo crees que podemos hacer lo que hacemos a diario? Esta es lo enseñado y lo sabes, ser capaz de separarse de los sentimientos nos dan la ventaja degollando nuestro enemigo sin dudarlo, yo sé lo que estás diciendo Longino y si te digo la verdad no me gusta, pero somos soldados y los soldados siguen órdenes, las ordenes deben ser seguidas incluso si no nos gusta, sino eventualmente morimos... es el o nosotros y elegimos nosotros."

- Longino: "Capitán eso lo sé bien y usted también sabe que yo soy el tipo de soldado que nunca cuestionó nada, pero por favor, respóndame esto... sabemos que este era un hombre santo... ¿verdad?

-Capitán: "En verdad lo era."

- Longino: "No le teme a la otra vida Capitán, sabiendo que ha matado a un hombre santo? porque ahora mismo yo si temo y si es cierto que este era El Hijo de Dios, no habrá un más allá para cualquiera de nosotros."

- Capitán: (suspiro profundo) "Ok, ¿qué quieres de mí Longino, tengo que seguir las órdenes, necesito pasar dos años más hasta que mi servicio este completo y pueda volver a casa con mi esposa e hijos, yo sé que no tienes familia mi amigo, pero a mí me gustaría volver a ellos... en cuanto a sobre el más allá, tienes razón pero, ¿qué otra cosa podíamos hacer? no sabíamos hasta el final que este hombre era Santo, ¿qué podemos hacer?... no hay nada que hacer sino vivir nuestras vidas y esperar lo mejor".

- Longino: "Bueno, por lo menos podríamos tratar de obtener más información acerca de este Jesús, la recopilación de más información es la forma en que podemos elegir qué batallas pelear..."

- Capitán: "Si, bien dicho Longino, tengo un amigo adscrito en cierta ciudad y este amigo una vez me mencionó a Jesús, el viene en unos pocos meses, él nos dirá lo que sea que él sepa."

Hablamos toda la noche de todas las cosas que sucedieron durante la crucifixión, cómo Pilato no quería crucificarlo, cómo la gente propia de Jesús nos lo entregó y la forma en que lo golpeamos tanto, el capitán también me dijo que él me ordenó no ir y transportar el cuerpo santo, que algunos Judíos estaban preocupados de que Jesús podía ser robado por sus discípulos, como yo estaba un poco fuera de concentración en el campo mi capitán decidió en contra de yo ir.

Al día siguiente seguía durmiendo, pedí permiso para descansar durante un par de días hasta que pudiera aclarar mi cabeza un poco, no quería comer, no quería ser visto y el sentimiento de culpa por su muerte cada vez era más fuerte, era una sensación horrible, era mediodía aún dormía cuando tuve un sueño extraño:

*Yo estaba en el Gólgota crucificándolo de nuevo y le crucificaba una y otra vez, pero él no moría, Él no me maldecía a mí como los otros dos crucificados, Él no podía morir hasta que yo le incrustara la lanza en su costado, así inmediatamente moría... Toda la tierra comenzó a temblar con fuerza, una gran cantidad de muertos salían con vida de sus tumbas y gritaban: "¡El Hijo de Dios murió por nuestros pecados, salve al Rey de Reyes", yo estaba de rodillas llorando pensando "qué he hecho!"*

*Sangre y agua brotan de su costado y como una ola por todo el mundo llegó dentro de los corazones de los hombres y les dio un nuevo corazón. Me quedé sorprendido con este gran milagro, entonces los cielos se abrieron y una nube a Él se lo llevó a Dios, los cielos cerraron y una voz dijo: "Gracias, Padre por tu Misericordia", no entendí eso, pero el ladrón que fue crucificado junto a él se me apareció ante mí con un manto blanco hermoso y radiante, dijo: "No entiendes?... te recuerdas lo que Él dijo a Su Padre: "perdónalos, porque no saben lo que hacen" Ahí todo era mucho más claro para mí... Yo estaba perdonado, el sentimiento de amor y perdón por la sangre y agua en mi cara eran verdaderas, mi culpa desapareció en un instante, el ladrón comenzó a desaparecer pero quería hacerle preguntas, él no me dejó, se fue completamente con esta frase: "Ahora es el momento de perseverar en él, pronto será la hora de luchar."*

Me desperté esa tarde experimentando gran asombro, la culpa dentro de mí había desaparecido, todos los que participaron en la crucifixión fueron perdonados! Qué sensación tan agradable saber esto, pero todavía con un montón de preguntas, aún con muchas dudas; más tarde en la noche encontré a Lacio llorando en silencio en una esquina con una bolsa de dinero.

- Longino: "¿Qué está pasando Lacio, ¿qué pasó?"

- Lacio: "Lo siento, lo siento... (En voz alta) Soy un soldado de Roma, yo soy un soldado de Roma y el llanto es sólo..."

- Longino: "¿Para el enemigo?... Lacio es conmigo que tú estás hablando, esa mugre que dices es para los superiores, dime... ¿qué pasó...?"

- Lacio: "Fuimos estacionados fuera de la tumba donde Jesús estaba a la tercera hora del día siguiente, un terremoto sacudió toda la zona, un ángel bajó del cielo, su rostro nos dio mucho miedo, ya que sólo veíamos rayos en su rostro, vino y removió la piedra de la entrada, tuvimos que luchar contra nuestras piernas congeladas para huir, pero cuando estaba a punto de acercársenos caímos como piedras en el suelo!"

- Longino: "¿Qué???"

- Lacio: "Me desperté y luego desperté a Josefo, con gran temor entramos en la tumba y no encontramos ningún cuerpo... no había cuerpo en absoluto!! escapamos a decirle al capitán lo sucedido... lo encontramos hablando con algunos sacerdotes fuera del pretorio, el capitán estaba furioso al saber que no estábamos en nuestros puestos, le comenzamos a explicar lo que pasó y él estaba profundamente preocupado nos dijo que "debemos saber más acerca de Jesús", los sacerdotes se enojaron y comenzaron a reprendernos diciendo que éramos unos mentirosos, rechazamos esas calumnias y aseguramos que el cuerpo no estaba allí, que un ángel hizo esto!"

- Longino: "Este Jesús es verdaderamente el Hijo de Dios, entonces luego que pasó?"

- Lacio: "El capitán nos permitió ir a decir a otros sacerdotes lo que pasó, nos encontramos de frente a lo que ellos le llaman el Sanedrín, le contamos todo lo que acabo de decirte a ti... primero dijeron que éramos unos mentirosos, le respondimos que los soldados de Roma no mienten, luego comenzaron a deliberar entre ellos y después de un rato nos dijeron que guardáramos silencio al respecto y que estaban dispuestos a comprar nuestro silencio, Josefo arreglo el pago, en realidad yo estaba todavía paralizado por todo lo que pasó, ni siquiera he contado todo el dinero que nos dieron... me crees Longino? crees en lo que estoy diciendo?"

- Longino: "Sí Lacio te creo..."

- Lacio: "¿Qué debemos hacer mi amigo este hombre era un santo, me refiero, un ángel robando su cuerpo? Qué voy a hacer ahora Longino, esto no es bueno para mí y mi familia, no entraremos nunca en el más allá!"

- Longino: "No temas amigo, recuerda lo que dijo El cuándo le estábamos clavando...?

- Lacio: "No... ¿Qué dijo entonces?"

- Longino: "Padre perdónalos porque no saben lo que hacen"

- Lacio: "Sí es cierto, él dijo eso... Bien, entonces puedo utilizar este dinero"

- Longino: "Ese dinero está ligado a la verdad que quieren ocultar, sobre lo que realmente sucedió a Jesús... devuélvelo!"

- Lacio: "En serio... no nos perdonó Jesús?"

- Longino: "Sí lo hizo mi amigo, pero ese dinero está maldito porque están comprando tu silencio para que ellos puedan ocultar sus delitos en contra de Dios, se sienten bien porque te han comprado, han comprado una voz que es testigo de un milagro realizado por Dios, ¿realmente quieres esto en ti?"

- Lacio: "Tienes razón... Me has convencido mi amigo, gracias...!"

Realmente fue raro y triste al mismo tiempo, para mí haber conocido al Hijo de Dios de esa manera horrible en la cruz. Ya ha pasado un par de meses y mi capitán me llamó para reunirme con su amigo.

- Capitán: "Longino este es Cornelio, estacionado en Cafarnaúm, un verdadero caballero y un héroe de Roma..."

- Cornelio: "Por favor, Antipas detente con la alabanza, yo sólo soy tu amigo."

- Longino: "¿Qué... Antipas Es su nombre Capitán...???

- Capitán: "Longino, si le dices a alguien mi nombre te enviaré a estacionar al sitio más infernal durante todo un mes"

- Longino: "No se preocupes Capitán  Antipas  mis labios están sellados..."

- Cornelio: "Tienes que estar bromeando, tu tropa no sabía tu nombre? ja, ja, ja, ja... Wao, Antipas... realmente necesitas aligerarte un poco... ¿Cuál es tu nombre soldado?

- Longino: "Longino... Pido disculpas Señor, estoy muy contento de conocerle... He estado esperando ansiosamente su llegada Señor, necesitamos saber más acerca de este Jesús."

- Cornelio: "Llámame Cornelio por favor."

Se sentó y explicó que cuando llegó a Cafarnaúm, el odiaba todo lo relacionado con ese pueblo, odiaba todo sobre todo... Cornelio nos explicó que su único hijo había muerto en Roma en un accidente cuando él estaba tratando de calmar un levantamiento aquí en "el país Judío", se sintió abrumado por la desesperación de no poder estar allí con su hijo, se sintió perdido y engañado por Roma pues Tiberio prolongó el servicio a 20 años, si no lo hubiera prolongado él hubiera estado en su casa y quizás hubiera evitado su muerte.

- Cornelio: "Durante un año sentí mucha rabia dentro de mí, rabia que envenenaba mi alma, mi vida era miserable y yo le hacia la vida miserable a todo el mundo, mis soldados al mando eran miserables, hice a los Judíos miserables, en mí no había nada adentro... todo era una gran nada! Un día yo estaba montando mi caballo regresando de algún ejercicio militar y vi a este niño judío caminando y llorando, me acerque a él para saber lo que estaba pasando, para mi sorpresa, el chico me recordaba mucho a mi hijo! Fue increíble cómo este niño judío se parecía tanto a mi hijo... Me dijo que su padre acababa de morir, cuando le pregunté por su familia, dijo que su madre murió cuando él nació y que él no tenía a nadie más en este mundo...

Yo me desmonte de mi caballo lloré con él, le pregunté si quería ser mi familia, pues yo estaba en la misma situación que él, le dije que tuve un hijo que murió, que mi esposa se puso loca y tuve que dejarla atrás con su familia, pues mi deber de soldado me estaba llamando, tu podrías ser para mí un hijo y yo seré para ti un padre, que si él lo deseaba podíamos ser una familia, el niño lloró y con una sonrisa puso su pequeña mano en mi mejilla y me dijo:

- "¡Sí, podemos ser familia...!"

Fue el día más hermoso de ese año, sentí que había renacidos... Entonces cuatro años más tarde Ignacio mi hijo, estaba realmente enfermo... gaste mucho en médicos, pero mi niño no se recuperaba, día a día estaba peor y peor, mi vida se iba con cada paso que daba a la tumba, por suerte para mí, oí hablar de Jesús de un amigo Judío que vio mi situación.

- "Comandante, no hay una solución a la enfermedad de su hijo... por favor vaya y hable con el profeta Jesús de Nazaret, él está fuera de Cafarnaúm enseñando y sanando a la gente, dicen que él lanza a los demonios con autoridad y ellos obedecen, incluso se dice que en una boda Él convirtió agua en vino, a la boda quedarse sin vino. "

- Cornelio: "Realmente, si hace lo que dices y manda aun a los demonios salir de gente poseída, entonces Él es un hombre santo y mi casa no es digna de que ponga un pie en ella."

- "Bueno, Comandante realmente odio que su hijo tenga que morir hoy."

Rápidamente fui a buscar a Jesús para que Él sane la vida de mi hijo, para suerte mía, El entraba a la ciudad cuando yo iba saliendo.

- Cornelio: "Señor, mi muchacho está ardiendo en casa, esta paralítico y sufriendo terriblemente."

- Jesús: "Yo iré a curarlo."

- Cornelio: "Señor, no soy digno de que entres bajo mi techo; solamente di una palabra y mi muchacho quedará sano, porque yo también soy una persona sometida a la autoridad, con soldados sujetos a mí y si yo digo a uno: "Ve", él va; y a otro: 'Ven', y viene; y a mi siervo: "Haz esto", y lo hace."

- Jesús: "En verdad os digo que en nadie de Israel he hallado tanta fe, os digo que vendrán muchos del oriente y del occidente, y se sentarán con Abraham, Isaac y Jacob en el banquete en el reino de los cielos, pero los hijos del reino serán echados a las tinieblas de afuera: allí será el lloro y el crujir de dientes."

-Jesús: "Vete a casa, hágase todo como has creído."

Volví a casa y fue como Él dijo, mi niño estaba allí sonriéndome, me llamó: "Padre, un hombre de nombre Jesús me dijo que me levantara y esperara por ti, mi enfermedad se ha ido!"... Alabado sea el Dios de los Judíos por Jesús el profeta, Él estaba hablando conmigo y al mismo tiempo vino y sanó a mi hijo! Que muestra de poder! Yo estaba llorando abrazado a mi hijo, gracias a Dios por Jesús, cuando el Judío que me habló de Jesús llegó y se maravilló...

- "No es maravilloso Dios... mi amigo? te dije que Jesús podía curar."

- Cornelio: "Sí Esteban... lo dijiste."

- Esteban: "Sí Comandante, le tengo que dejar pues me voy a Jerusalén, toda mi familia se está mudando para allá, pero antes de irme deseo dejarle con algo que dijo Jesús en la montaña, es una maravilla y espero que le ayude a partir de ahora y para siempre."

- Cornelio: "¿Qué es Esteban?"

- Esteban: "Él dijo:"

"Bienaventurados los pobres en espíritu, porque de ellos es el reino de los cielos."
"Bienaventurados los que llorar, porque ellos serán consolados."
"Bienaventurados los mansos, porque ellos heredarán la tierra."
"Bienaventurados los que tienen hambre y sed de justicia, porque ellos serán saciados."
"Bienaventurados los misericordiosos, porque ellos alcanzarán misericordia."
"Bienaventurados los limpios de corazón, porque ellos verán a Dios."
"Bienaventurados los pacificadores, porque ellos serán llamados hijos de Dios."
"Bienaventurados los que padecen persecución por causa de la justicia, porque de ellos es el reino de los cielos."
"Bienaventurados seréis cuando os injurien, y os persigan y digan con mentira toda clase de mal contra vosotros (falsamente) por mi culpa."
"Estad alegres y contentos, porque vuestra recompensa será grande en el cielo. Así también persiguieron a los profetas que fueron antes de vosotros."
"Vosotros sois la sal de la tierra. Pero si la sal pierde su sabor, ¿con qué será salada? Ya no sirve para nada, sino para ser echada fuera y hollada bajo los pies."
"Vosotros sois la luz del mundo. Una ciudad asentada sobre un monte no se puede esconder."
"Ni se enciende una lámpara para ponerla debajo de un celemín, sino que se encuentra en el candelero, para que alumbre a todos los de la casa así vuestra luz brille ante los hombres, para que vean vuestras buenas obras y glorifiquen a vuestro Padre celestial ".
"No penséis que he venido para abrogar la ley o los profetas. No he venido a abolir, sino para cumplir."

- Esteban: "Él vino a cumplir lo que Él estaba diciendo, él está curando la gente y mostrándoles la Misericordia del Cielo, me hubiese gustado poderle seguir ahora mismo, pero lo haré después de que mi familia se establezca en Jerusalén, voy a seguirle fuertemente, yo espero que el conocimiento de esta sabiduría le de ventaja en el diario vivir, Misericordia se le ha dado a usted, así que por favor viva bajo ella y así usted apreciará la Misericordia de Dios. "

- Cornelio: "Muchas gracias y te digo hoy... es el comienzo de un nuevo yo."

- Cornelio: "Esteban se fue, yo estaba maravillado por Dios acerca de cómo Él se acordó de mí y me mostró su amor, he venido aquí y he aprendido que no sólo Jesús murió en la cruz, pero mi amigo Esteban fue apedreado por los sacerdotes de esta ciudad sólo porque creía que Jesús resucitó."

- Longino: "Bueno, el capitán y yo le podemos decir ahora mismo que un ángel vino desde los cielos, mientras que un par de soldados permanecieron estacionados fuera de su tumba, ellos dicen que el ángel vino y removió la piedra y mucho más tarde el cuerpo se había ido... Te podría decir que esta historia es cierta porque el capitán sabe que esos hombres no le mienten a él."

- Capitán: "Eso es verdad Cornelio... sucedió exactamente como Longino lo está diciendo."

Nos quedamos sorprendidos de cómo Jesús tenía tanto poder, pero al mismo tiempo desconcertados, necesitábamos obtener más información acerca de Jesús y ver exactamente cómo debemos proceder, Cornelio volvió a su ciudad y el Capitán (Antipas... ja, ja, ja...), permaneció siendo nuestro capitán.

No ha sido un año desde que Jesús murió, cada vez más, la culpa era mayor dentro de mí por haber matado a Jesús, así que decidí abandonar mi tropa y huir, tenía que encontrar respuestas acerca de Jesús... Quería ver a Cornelio nuevamente, pero me dijeron que se mudó, por la palabra de boca sé que estaba en la ciudad de Cesarea de mar, así que fui allí.

Han pasado años desde la última vez que vi a Cornelio, me he preguntado si había descubierto más sobre el Hijo de Dios... después de un par de semanas de viaje por fin llegue a Cesarea, empecé a preguntar por ahí y ver si sabían de un centurión llamado Cornelio y no fue difícil, ya que llegue de noche pensé que ir a la estación del ejército no era una buena idea porque yo había desertado y además un soldado de su estatura no va a estar allí por la noche, entré en la ciudad y supe de inmediato donde vivía, llame a su puerta.

- Longino: "Cornelio?"

- Cornelio: "¿Quién quiere saber?"

- Longino: "Soy yo Longino ¿Te acuerdas de Antipas, Jerusalén... Jesús?

- Cornelio: "Oh dulce Dios... hola mi amigo, ¿cómo estás... por favor entra... ha pasado mucho tiempo desde la última vez que nos vimos ..."

- Longino: "Sí, mi amigo, es impresionante verte y sí, ha pasado mucho tiempo."

- Cornelio: "Entonces, ¿cómo está Antipas ¿Qué te trae por aquí mi querido amigo?"

- Longino: "Antipas está muy bien, el servicio de él se termina a finales de este mes y la mía terminó hace unas semanas, ahora he optado por mantenerme al margen de la milicia por el bien y el de conocer más acerca de Jesús, es por eso vine aquí."

- Cornelio: "Realmente Pues has llegado al lugar correcto mi amigo, tengo que contártelo todo... Yo soy cristiano..."

- Longino: "Un cristiano?... ¿qué es eso?"

- Cornelio: "Así es, como todo el mundo llama a Jesús, el Cristo... y a sus seguidores se les llama cristianos."

- Longino: "Así que tú eres un seguidor?"

- Cornelio: "Bueno, los apóstoles utilizan más la palabra: creyentes... así que sí, sigo a Jesús, Él es mi Señor y mi Salvador."

- Longino: "Yo no lo entiendo... Apóstoles? tu Señor y Salvador?"

- Cornelio: "Mira, un día, un ángel se me apareció en una visión y me dijo que mis oraciones fueron escuchadas y que necesitaba encontrar a Pedro que estaba en Jope en casa de Simón, yo entonces envié a dos de mis hombres y un soldado a buscar a Pedro, cuando lo encontraron estuvo de acuerdo de venir a mi casa, ya él en mi casa, yo estaba con mi familia entera y le hablé de mi visión, entonces él empezó a contar su visión:

"El tenía hambre y quería comer, mientras se estaban haciendo preparativos cayó en un trance. Vio el cielo abierto y algo parecido a una gran sábana que descendía, bajada a la tierra por sus cuatro esquinas. Allí estaban todos los de la tierra los animales cuadrúpedos y reptiles, y las aves del cielo. Una voz le dijo: "Levántate, Pedro. Mata y come. "Pero Pedro dijo:" Por supuesto que no, señor. Pues nunca he comido nada profano e inmundo. "La voz le habló de nuevo, por segunda vez: "Lo que Dios ha purificado, tú no eres para llamar profano". Y esto sucedió tres veces, y luego el objeto fue elevado al cielo. Él reconoció que Dios estaba llamando a todos Sus hijos incluidos los no-Judíos como vio al Espíritu Santo descender en nuestros corazones, a mí y a mi familia nos bautizaron ese día, ahora tenemos a Jesús, el Hijo del Dios viviente, como nuestro Señor y Salvador, y nos dieron el don del Espíritu Santo ".

- Longino: "¿Qué?"

- Cornelio: "Mira, no hay palabras para describir exactamente cómo la Misericordia de Dios trabaja dentro de ti, después de que Jesús sanó a mi hijo en Cafarnaúm, ese detalle me cambió para siempre, yo era un hombre enojado, uno muy destructivo...

- Cornelio: "A mi esposa la perdí en su locura y mi único hijo murió en un accidente, después de encontrar una nueva oportunidad de ser feliz con mi muchacho cual estaba condenado a morir hasta que Jesús lo sanó, desde de ese día me dediqué al único Dios, el Dios único y verdadero. Me he comprometido a mí mismo a ser misericordioso, como Dios fue misericordioso, conmigo a través de Jesucristo su Hijo unigénito, Jesús tomó nuestros pecados y destruyó las cadenas que nos ataban a la muerte... Y Dios en Su Misericordia eterna vio mis buenas acciones y fuimos llamados a convertirnos en uno de los suyos, fui bautizado en agua, Pedro el apóstol oró a Jesús para que pudiera obtener el Espíritu Santo de Dios como un don... y mi alma entera se llenó por el dulce fuego del Altísimo, y ahora mi vida cambio de noche a día, Su Misericordia está dentro de mí y esa Misericordia que ahora muestro no es porque puedo mostrar porque puedo, sino porque Jesús me ama."

- Longino: "¿Dónde puedo encontrar a este apóstol Pedro..? Quiero lo que tú tienes, por favor dime Cornelio..."

- Cornelio: "Él se fue a Jope, pero a causa de la Buena Nueva de Jesús, Pedro me dijo que tenía que ir a Roma, así que tal vez él este allí... escucha, en este momento es peligroso ser un cristiano a causa de la maldad de algunas personas, mi amigo Esteban murió porque era un testigo de la causa, quédate aquí esta noche mi amigo para que puedas descansar... "

- Longino: "Gracias mi amigo por tu hospitalidad... saldré a la primera luz de la mañana... Realmente necesito encontrar a los apóstoles para que yo pueda tener lo que tú tienes, pero también..."

- Cornelio: "Que pasa mi amigo ¿Qué aqueja tu corazón?"

- Longino: "Yo tengo que mostrarte esto..."

- Cornelio: "Una lanza?"

- Longino: (Llorando) "Con esto abrí el pecho del Hijo de Dios, la Sangre y el Agua broto de su costado... Su sangre me hizo recuperar mi vista, como puedes ver aún todavía hay sangre allí."

Cornelio rápidamente cayó de rodillas y gritó: "No soy digno de estar en frente de Su sangre real!!", lloré cada vez más y le dije a Cornelio que estaba teniendo este sueño que se repetía una y otra vez, que después que el sueño termina, no siento tanta culpa, pero días más tarde la culpa estaba allí más fuerte que antes... Necesito encontrar a los apóstoles y que ellos me digan exactamente qué hacer.

- Cornelio: "Creo mi querido amigo que estas destinado a grandes cosas, escucho lo que dices y entiendo perfectamente, mañana partirás hacia Roma para buscar a los apóstoles, tengo un amigo allá que puede conseguirte ayuda, pero por favor ten cuidado... peligro se respira por todas partes!"

Al día siguiente le di las gracias a mi amigo y me fui camino a Roma, no había exactamente un camino directo a Roma, así que tomé un barco hacía Antioquía desde Cesarea bordeando toda la costa, a pesar de que me dirigía al norte y Roma estaba al oeste, yo estaba seguro de que una gran ciudad como Antioquía debía de haber un barco más directo a Roma pues desde Cesarea no había ningún barco en ese momento, pero Dios me estaba dirigiendo directamente a Su Misericordia.

Después de varios días en ese barco finalmente llegue a Antioquía, fue fácil encontrar cristianos pues me encontré con un hombre llamado Simeón, o mejor dicho, ¡él me encontró a mí! Yo estaba descansando debajo de un árbol con el signo de los cristianos en la arena, el signo de un pez... esto me lo enseño Cornelio para evitar problemas, Simeón vino y reconoció que yo era cristiano y luego me llevo a una zona apartada, allí, me presentaron a Pablo.

- Longino: "Hola, mi nombre es Longino..."

- Pablo: "Perdona mis modales pero eres cristiano?"

- Longino: "No... Por desgracia yo no lo soy..."

- Pablo: "¿Estás buscando al crucificado?"

- Longino: "Perdona... fui yo el que le mató... yo maté a Jesús en la cruz..."

- Pablo: "Sí lo hiciste, pero también yo y el mundo entero, Jesús vino como el sacrificio predicho en las profecías de los hijos de Israel, para ellos y para el mundo entero."

- Longino: "No entiendes... yo fui el soldado romano que clavó su lanza en el costado Santo... Mucha agua y sangre brotó y mi ceguera curó... Siento de vez en cuando tanta culpa, que aún sé que fui perdonado... me duele mucho."

- Pablo: "Te escucho Longino y has visto el misterio de la misericordia trabajando para muchos, antes de que Jesús viniera a este mundo los hombres estaban encadenados a la muerte y esas cadenas eran del pecado, todos éramos esclavos del pecado y el salario del pecado es la muerte, más la dádiva de Dios es la vida eterna en Cristo Jesús nuestro Señor... tú quieres eso para ti Longino?"

- Longino: "Si acepto a Jesús como mi Señor y Salvador y verdaderamente me arrepiento de todas mis malas acciones."

- Pablo: "Excelente mi hijo... vamos a llevarte al agua para bautizarte."

Fuimos al río Orontes y allí fue bautizado en el nombre del Padre, del Hijo y del Espíritu Santo... todos mis pecados fueron perdonados, vi al Espíritu Santo descender sobre mí me mostró cada uno de mis pecados, la masacre de muchos en batalla, el asesinato de muchos a través de la conquista del Imperio, toda la lujuria que practiqué con mujeres y hombres, y muchos más me fue mostrando en una visión, fue destruyendo con fuego Santo cada uno de mis pecados... el único que tenía sed que se fuera para siempre era yo y la lanza en el costado de Jesús, pero el Espíritu Santo me dijo que había sido perdonado y que sufriré el mismo dolor en el costado que Jesús sufrió, hasta el día de mi muerte, el cual será, al ser decapitado en Capadocia."

- Longino: "Ahora... he vuelto a nacer!"

- Pablo: "¿No es maravilloso cómo se ven las cosas ahora y cómo se veían las cosas antes?"

- Longino: "Le agradezco a mi dulce Jesús por Su Misericordia, que nosotros podamos recuperar la salud espiritual y poder alimentarnos con Su amor, Gracias Padre por Tu Hijo!"

- Pablo: "De ahora en adelante debemos ser valientes por el bien del reino, sé que sientes culpa por la lanza en el costado de Jesús, pero debes saber que tenía que ser así para que todos podamos ser limpios... el Misterio de Su Misericordia esta en esa agua y sangre que broto hacia el viento para la salvación de muchos, todos tenemos la oportunidad de obtener la salvación por medio de Él, pero la mayoría prefiere la maldad y los caminos del mundo, tenías que ser tú Longino, tú estabas destinado para abrir El Tesoro que se hizo carne y habitó entre nosotros, Misericordia personificada, el Hijo de Dios! Ahora mi hermano tienes que ir a Capadocia y sufrir para que muchos crean!"

- Longino: "Ya veo... tú ya sabías lo que estaba pasando Pablo?"

- Pablo: "El Espíritu Santo también está conmigo y me lo enseñó todo, incluso antes de tú poner un pie en Cesarea; por favor mi hermano en Cristo, debes saber que no sólo tú tienes sangre en tus manos... perseguí a muchos que creían en Él y también les vi morir, yo personalmente les perseguí hasta que Jesús se me reveló a mí."

- Longino: "Se te apareció a ti? Qué gran honor!"

- Pablo: "De hecho, yo estaba caminando a Damasco para traer de vuelta a Jerusalén algunos creyentes de este Jesús cuando de repente una enorme luz me cegó, caí al suelo y una voz que me llamó:" Saulo, Saulo, ¿por qué me persigues? "Yo pregunte: Quién es? "Yo soy Jesús, a quien tú persigues." En un instante pensé en lo que dijo Esteban en el Sanedrín, todo era cierto cuando él dijo: "Veo el cielo abierto y al Hijo del hombre de pie a la diestra de Dios." esa verdad fue su salvación y a la vez la razón de su muerte... Ellos le apedrearon, y yo no hice nada para detenerlos, perseguí a una gran cantidad de gente, los sacaba de sus casas para encarcelarles, y esa culpa estará conmigo siempre hasta el día que yo muera, pero sufrir un poco para ganar el cielo es un buen precio a pagar."

- Pablo: "Longino deja la lanza aquí por el bien de la iglesia para que muchos crean, hay que orar por la conversión de muchos y luchar con la armadura de Dios, el espíritu de iniquidad está en Capadocia."

- Longino: "La armadura de Dios?"

- Pablo: "La fe, el Espíritu Santo, la Palabra de Dios, la Carne y la Sangre de Jesús y si las bestias procedentes de las profundidades del infierno tratan de hacerte daño, recuerda que en El nombre de Jesús toda rodilla se dobla así que proclama Su hermoso nombre... hablando de su carne y sangre, tenemos que empezar el banquete... ven y participa mi hermano, deja la lanza para venerar."

Pablo entonces puso sus manos en mi cabeza y oró por mí, El Espíritu Santo estaba quemando mi corazón con el Amor Divino... Yo estaba sorprendido de que él supiera sobre la lanza antes de que yo pudiera decirle, El Espíritu Santo reveló todo a Pablo y eso me encanta del Espíritu Santo, porque no sólo revela la Palabra de Dios, sino que nos enseña a orar, qué hacer, a dónde ir y qué decir, a Jesús se nos revela en un estado tan claro y tranquilo. Le di la lanza a Bernabé para que pueda ser mostrado a todos, vine al banquete y era algo más que palabras, veía ángeles en todas partes; Pablo celebró el banquete, él dijo la oración de bendición a fin de que el pan que tenía en la mano se convirtiera en la carne de Jesús y Pablo me llenó la boca de ella, inmediatamente fui arrebatado al monte de los Olivos y allí vi a Jesús sufriendo por todos los hombres, pude ver el peso de todo el pecado de los hombres desde el principio de la creación, hasta el presente donde estábamos, y el futuro... el futuro era más difícil porque los hombres eran amantes de sí mismos; en el futuro la mayoría de los cristianos no amaban a sus hermanos, ellos se amaban a ellos... fue entonces cuando su sangre sudor y cayó al suelo, cuando clamó: "Padre mío, si es posible, que esta copa pase de mí pero que se haga tu voluntad y no la mía" En ese momento Él se refería sobre los tibios... millones de ellos!

Entonces un ángel bajó y lo consoló, ese ángel me miró directo a los ojos y al instante estaba de nuevo en el banquete, cuando Pablo pronunció la bendición y dio el cáliz de la salvación para que siempre se recuerde su Pasión, tomé Su sangre libremente, otra vez fui arrebatado a Jerusalén y me vi a mí mismo participando en la golpiza, riéndome en la coronación y, finalmente, atravesando la lanza en su costado... todos los caminos y vías en Jerusalén estaban bañadas con Su Sangre Santa, ellos sabían que estaban matando a alguien del cielo y no les importó, pues los fariseos, los escribas y algunas otras personas que participaron en su condena y muerte eran hijos del diablo... a pesar de que se les perdonó ellos se inclinaron por el mundo y su falsedad... fue difícil para mí ver a mi participación, entonces vi el ladrón crucificado con Jesús y él me dijo: "He orado por tu conversión Longino y el Señor te tiene en sus planes, ahora ve a Capadocia soldado en Cristo... para el Reino ahora debes luchar a través de la oración!... Una luz flotaba al lado de él y sabía que alguien estaba allí, así que pregunte quién estaba con él.

- Jesús: "Soy yo Longino... Soy yo, Jesús."

- Longino: "Dios mío... perdóname, yo no sabía que eras el Hijo del Dios vivo."

- Jesús: "Estaba escrito, ningún hueso en mí sería roto... Te perdoné hace mucho tiempo, de ahora en adelante quiero que vivas de la oración y ser un ejemplo de vida en Capadocia, ahí serás mi testigo."

- Longino: "Yo soy tu soldado mi Señor y mi Dios, haré lo que me pides."

Allí mismo, la visión terminó y estaba de vuelta en el Banquete, después Pablo me dijo...

- Pablo: "Debes descansar ahora mi hermano, tu camino hacia el Reino se inicia al ponerte en camino hacia Capadocia..."

Era por la mañana y todo era diferente, el sol, los pájaros, las nubes, el aire en mis pulmones, nunca he visto o sentido tan hermosas creaciones hechas por El Padre Todopoderoso en el cielo, esas cosas para mi antes no tenían importancia... no era relevante en absoluto para el viejo Longino, anoche volví a nacer, yo soy la creación que Dios visualizo cuando Él me creó, va a ser un largo camino para que yo sea lo suficientemente digno, con mi propia fuerza no hay nada que yo pueda hacer o decir que podría hacerme digno de Su Amor, estoy seguro de que a través de solo Su Misericordia, Jesús me dará el cielo.

- Bernabé: "Hola mi hermano, buenos días... he venido para llevarte a las oraciones de la mañana antes del desayuno."

Empezamos oraciones de la mañana y todo era hermoso, leímos a Isaías y nos concentramos en un pedazo que dijo el profeta:

*"Porque así como desde los cielos la lluvia y la nieve descienden y no vuelven allá sino después de empapar la tierra, por lo que es fértil y fructífera, y da semilla al que siembra y pan al que come, así será mi palabra, la que sale de mi boca: no volverá a mí vacía, sino que hará mi voluntad y cumplirá el fin para el cual la envié."*

Oh mi Dios dulce que Tu Palabra se queda con nosotros! Cada palabra... para siempre! Yo quiero más de lo mismo, tengo sed mi Señor, tengo sed de Tu Misericordia, ven mi Señor ven a mí tu soldado, tu siervo, tu esclavo!

Antes de llegar a las oraciones de la mañana me instruyeron a lavar bien mi mano derecha, tomaremos la Carne y la Sangre de Jesús antes de nuestro viaje, Bernabé me explicó que tenía que ser así para el bien de la difusión de la Buena Nueva del Evangelio, explicó que debido a que la iglesia de Jesucristo está siendo perseguida, teníamos que ser breves, pues había peligro en el aire, hoy nosotros tomamos la carne santificada en la mano derecha con reverencia y con esa misma mano tomamos la carne Santa directamente en la boca... ayer por la noche todos tomamos la carne Santa en la boca como fue en el banquete original que se llevó a cabo con Jesús y los Apóstoles.

- Longino: "No soy digno Bernabé para tomarlo en mis manos asesinas".

- Bernabé: "Nadie es mi hermano, nadie es digno... ni siquiera los ángeles pueden tocar a Jesús, como el Hijo de Dios es demasiado santo para nadie fuera de La Santísima Trinidad y su propia Madre, pero el peligro viene por nosotros, como la iglesia a veces no tiene descanso de los enemigos controlados por el diablo."

- Longino: "Entiendo..."

Tomamos la carne Santa de Cristo en la mano derecha y directamente a la boca, comiendo todos los fragmentos sin dejar caer nada... Yo sentí a mi dulce Jesús entrando y viajó por todo mi cuerpo, los ligamentos, la mente hasta que entró en mi espíritu... es un sentimiento maravilloso y especial, mi Señor me ha dado mucho al perdonar mis pecados y darme cantidades torrenciales de Su Misericordia, mi corazón ardí más que el sol de cualquier desierto en que he estado, era de hecho la Misericordia tocando mi corazón indigno. Después de las oraciones y el Santo banquete tomamos un pequeño desayuno, mis hermanos se preparaban para salir a Tarso y yo me preparaba para ir a Capadocia.

- Bernabé: "Mi hermano Longino ha sido impresionante conocerle, espero podamos vernos y saber que todos en Capadocia se han convertido a Cristo."

- Longino: "Gracias Bernabé, deseo eso también ..."

- Pablo: "Mi hermano, oraré por ti para que puedas presentar una buena batalla ..."

- Longino: "Una buena batalla?"

- Pablo: "Eso es correcto, tú vas donde con respecto a la corrupción veras cosas inimaginables, pero   tienes el Espíritu Santo.

- Pablo: "Él hablara a través de tus labios y te enseñaré el bien del mal, Él te dará fuerza para perseverar en la fe, ruega por Misericordia para la conversión de todos los hombres, ruega por nosotros y los enemigos de ustedes... para que seamos lavados en esa sangre y agua que brota cada día desde el costado de Jesús, la misma sangre y agua que recuperó tu vista, hasta Su Misericordia se puede comer... Tomar Su Carne y Sangre con amor y devoción, sabiendo que el pan y el vino no son realmente pan y vino, pero la comida de las profundidades de Su Misericordia, arrepiéntete de tus pecados cada día con verdadera conversión, busca la humildad para que puedas llegar a las puertas del Cielo, sabiendo que la Palabra de Dios es tu arma y en caso de ataque siempre decir Su nombre santo: Jesús, ese nombre rompe con todos los males, porque toda rodilla se arrodillara al oír su hermoso nombre y su nombre tiene todo el poder necesario para crear y destruir... Nunca olvides todo lo que te he dicho hoy soldado, estas son tus armas ahora, confía en ellas para derrotar el mal en nombre de Su Reino."

- Longino: "No lo olvidaré..."

- Pablo: "Mientras mi hermano, que la paz del Señor esté contigo y que Su Misericordia sea tu refugio para siempre."

- Bernabé: "La paz Longino, la paz sea contigo..."

- Longino: "Paz hermanos, paz."

Con lágrimas en los ojos nos fuimos por caminos separados, la bendición del Señor por el hermano Pablo fue preciosa y me dio gran esperanza; en cada ciudad en mi camino encontré cristianos y encontré persecución, era duro debido al banquete Santo... teníamos que hacerlo a escondidas y no me gustaba la idea de tomar la carne santificada en la mano derecha, pero estaba bien, ya que habrá un momento en que la iglesia no será tan fuertemente perseguida y que podremos volver al banquete original teniendo su carne en la boca.

Yo era un ciudadano romano, las primeras persecuciones fueron realizadas por las personas más cercanas a Cristo, los judíos, de una persecución Judía se convirtió en un problema de los extranjeros al los Judíos agitarlos, ellos le llamaban "el camino", los paganos nos llamaban cristianos, pero eso no fue una sorpresa pues he estado escuchando eso por mucho tiempo, otros alegaban que éramos agitadores, corruptores, etc... Me gustaba "el camino", porque reflejaba lo que Jesús mismo dijo:

- Jesús: "Yo soy el camino, la verdad y la vida, nadie viene al Padre, sino por mí."

Sí, Él es el camino que debemos seguir para ser verdaderamente libres, algunas personas piensan que van a ver al Padre... pero la puerta se ha cerrado para la gente que no reconoce a Jesús como el Señor de Señores, Rey de Reyes, y el Hijo unigénito del Padre Todopoderoso... Jesús Yo soy tu soldado! Yo soy el soldado de Jesús, mi Señor, lloro con libertad y alegría como un niño pequeño, tengo hambre de ti mi dulce Rey... Yo soy tu siervo! De repente me llega este olor horrible y asfixiante detrás de mí.

- Ja, ja, ja, ja... ahora eres un soldado del amor?

- Longino: "Quítate de delante de mí Satanás, asesino malvado y despreciable."

- "Asesino ja, ja, ja, ja...?"

Entonces fue cuando me mostró todas las personas que yo había matado durante mi servicio en el ejército, a todos los que les corte sus gargantas o les rompí su cráneo, y todos decían:

- "Nos veremos en el infierno y nos festejaremos con tu carne!"

- Longino: "En el nombre de Jesús mi Señor, yo te expulso al infierno!"

Con voz fuerte todos desaparecieron, pero yo sabía que esto era sólo el comienzo de lo que vendrá...

- ¡Bien hecho!

- Longino: "¿Quién eres tú?"

- "Yo soy tu ángel de la guarda Longino."

- Longino: "Ángel de la guarda?"

- "Sí soldado, Jesús el Hijo de Dios Todopoderoso, Aquel que se dio como sacrificio para la salvación de los hombres... no los abandonará en esta guerra, no estás solo... Entrégate a Jesús más y más cada día y trata siempre de buscar Su Misericordia por medio de la oración, el sacrificio y ser un ejemplo para todos."

- Longino: "Toda la alabanza y la gloria son suyos para siempre!"

Después de que ese intercambio el ángel desapareció, comprendí que el ángel estaba allí todo el tiempo, y estuvo allí en el momento de la prueba, ¡Oh! Mi dulce Jesús por favor no me dejes nunca solo, sin ti no soy nada! Varios días pasaron y ya estaba cerca de Capadocia, el ángel del Señor me llevó a un lugar alto y me mostró dónde iba.

- "Mira Longino, ahí está Capadocia".

Vi una región llena de ídolos por todas partes, los demonios corriendo por todos lados y se veía el fuego del infierno gobernándolo todo.

- "Allí es donde Dios quiere que vayas, donde la verdadera batalla se va a llevar a cabo."

- Longino: "Yo estoy dispuesto a dar mi vida por el bien de la buena nueva del Evangelio, a través de la oración, el sacrificio y el ejemplo de Jesús... Él va a ganar esta batalla para mí, ya que soy un soldado incompetente e indigno del Señor."

- "Confía a toda costa en la Misericordia de Jesús y te irá bien."

El ángel me llevó a donde estaba antes, luego me dio la carne santa ya que él la tomó de las manos de Pedro apóstol para mí. El Señor ve mis necesidades espirituales y las satisface. Ya era de noche, ya estaba entrando en una ciudad de Capadocia también llamada Cesarea, a través de la oscuridad de la ciudad pude ver los ojos de todos esos demonios escondidos en la oscuridad, murmurando, aullando y diciendo maldiciones... pero no se atrevían a acercarse pues el ángel del Señor iluminaba mi camino durante toda la ciudad, llegamos a la casa de alguien familiar para mí.

- Longino: "Afrodisio?"

- Afrodisio: "Hola Longino, te he estado esperando... la paz sea contigo!"

Rápidamente abracé a mi viejo amigo de mis días en la milicia, era bueno ver una cara familiar...

- Longino: "¡La paz del Señor esté contigo también Afrodisio, no sabes qué bueno es verte de nuevo."

- Afrodisio: "Del mismo modo amigo, he estado esperando por mucho tiempo en darte la bienvenida a esta ciudad infernal mi amigo, he estado orando por un hermano lleno del Espíritu Santo que llegase rápido, todos estos demonios están haciendo estragos aquí."

- Longino: "Afrodisio, no te desesperes hermano, si lo haces... entonces la batalla estará perdida"

- Afrodisio: "Sí, tienes razón... Lo siento, sé que no eres tú o alguien que va a ganar esta pelea, el único que podrá es nuestro Salvador y Señor Jesús"

- Longino: "Es bueno verte de nuevo... ahora dime todo lo que necesito saber acerca de lo que está pasando en este pueblo."

Capadocia fue invadido por la maldad, como mi buen amigo me decía que la ciudad estaba llena de ídolos, las personas adoraban a muchos dioses y no al Dios que servimos, las autoridades eran el factor instigador dejando que la gente se pierda eternamente, ellos estaban promoviendo esta actitud a veces hasta con alegría, como lo hacían en sus celebraciones las cuales terminaban en grandes fiestas y orgías masivas, en donde había toda clase de abominaciones a la luz del día.

- Longino: "Tenemos que empezar de inmediato!"

- Afrodisio: "¿Qué crees que debemos hacer?"

- Longino: "Como has dicho, tenemos que ganar esta guerra aquí en Capadocia dándonos cuenta de que con nuestra fuerza no ganaremos, que somos débiles y sin valor, necesitamos que nuestro comandante nos ordene que hacer para ganar, necesitamos que nuestro Señor Jesús tome la ciudad por asalto... me acordé de cuando lo mataron en la cruz, cuando salió sangre y agua de su costado, a través de la herida en su costado necesitábamos convertir quien sea que desee escuchar la verdad, aquellos que son suyos y esto sólo puede ser a través de Su Misericordia potente que brota de Su costado... nuestro curso de acción es orar! necesitamos Su ayuda durante toda la noche y todo el día... tenemos que pedir Su Misericordia para todos nuestros hermanos difundiendo la palabra, así que ven Afrodisio deja que nuestra vida sea una oración constante, un sacrificio constante, un sufrimiento constante... Así que comencemos en el Nombre del Padre, del Hijo y del Espíritu Santo."

Comenzamos a rezar el Padre Nuestro y nadie nos lo había enseñado antes a nosotros, nadie dijo nunca sobre esta oración increíble y poderosa... El Espíritu Santo se hizo cargo, Él nos enseñó la oración y nos enseñó una escena en la que Jesús se tomó el tiempo para enseñar a sus discípulos esta oración.

- "Señor, enséñanos a orar, así como Juan enseñó a sus discípulos."

- Jesús: "Cuando oréis, decid: Padre, santificado sea tu nombre, venga tu reino."

- "Danos cada día nuestro pan cotidiano, y perdónanos nuestros pecados porque también nosotros perdonamos a todos en deuda con nosotros, y no nos sometas a la prueba final."

Y él seguía y les dijo:

- Jesús: "Supongamos que uno de ustedes tiene un amigo a quien le va a medianoche y le dice:" Amigo, préstame tres panes, porque un amigo mío ha llegado a mi casa de un viaje y no tengo nada que ofrecerle, y dice que en respuesta desde dentro: 'No me molestes;.. la puerta ya está cerrada y mis hijos y yo estamos ya en la cama, no puedo levantarme para darte nada "

- Jesús: "Y yo os digo, pedid y recibiréis, buscad y hallaréis, llamad y se os abrirá a ti, porque todo el que pide recibe, y encuentra el que busca, y que llama, se le abrirá."

La visión terminó, acabamos la oración de Oro y de pronto toda la oscuridad y los demonios que se atrevieron a estar alrededor de nuestra casa fueron lanzados al infierno con tremendo poder, la luz nos abrazó a medida que la tierra se abría justo en la puerta de la casa, cuando la puerta se abrió vimos cómo algunas de esas criaturas fueron lanzadas al infierno, fueron cayendo en el abismo y a pesar de que podían volar el poder de Cristo los paralizó...

Algunos eran simplemente arrojados al abismo, pero los que se atrevieron a acercarse a nuestra casa fueron encadenados para siempre, la tierra comenzó a cerrar y pude ver a millones de personas en el interior del abismo, millones! Estaban siendo torturados una y otra vez... fue horrible; después, el ángel del Señor nos dijo a ambos:

- "Es muy triste que los hombres están cayendo en procesión en el abismo día y noche!"

- Longino: "Por qué los hombres van allí?"

- "El abismo de fuego fue creado para satanás y sus rebeldes, no fue construido para los hombres, El Padre Todopoderoso quería bendecir a los hombres, pero ellos escogieron una vida de maldad y todo tipo de placeres de la carne...

- "Dios quiso que el hombre sea feliz, pero los hombres eligieron la trampa del pecado... y por sus pecados horribles están marchando al infierno. Lo bueno es que El Cordero de Dios los liberó de la cadenas del pecado, el Rey de Reyes pagó un precio muy alto para la salud de todos los hombres ,con su preciosa sangre en Jerusalén y todos los que están marchando al infierno puedan devolverse a tiempo, hacia la gracia de Dios por medio de Su Misericordia, todos los que piden Su Misericordia con un verdadero y sincero espíritu quebrantado y humillado... recibirá el Tesoro de los Cielos, que es Su Misericordia poderosa."

El ángel del Señor desapareció, oramos toda la noche hasta el amanecer, después de nuestras oraciones terminadas tomamos un poco de comida y salimos a ver la ciudad, ver cómo vivía la gente y conocer a algunos cristianos a lo largo del camino.

Algunos años pasaron, orábamos por todos nuestros hermanos en todas partes del mundo, orábamos por la conversión de los hombres, orábamos para que la fe creciera cada vez más, orábamos por los que creen en el Evangelio del Señor. Predicábamos Su Misericordia a todos los que querían oír su nombre hermoso, a veces Él sanaba a los enfermos a través de nuestras manos, a veces hacía milagros aquí y allá a través de la oración y el ayuno, y era todo gracias a Dios que hizo estas cosas, pues por mí mismo era inútil e incapaz de hacer nada sin Él, Santo es Su nombre!

Un día estaba predicando en contra de un ídolo afuera de una casa, al tiempo que la gente iba a pedir al hijo del dueño... acerca la adivinación de números, esto era típico de seres infernales.

- Longino: "No busquen nada fuera de la Verdad, el Amor de Dios es único y verdadero, cual envió a su Hijo unigénito Jesús y lo levantó de entre los muertos para que recibiéramos vida eterna en Él, echen lejos su maldad y arrepiéntanse ahora que el Reino de Dios está a su alcance, acepten a Jesús como Su Señor y Salvador y sean bautizados para el perdón de sus pecados, entonces recibirán el don del Espíritu Santo!"

- "Cállate monje Estamos tratando de escuchar lo que este niño tiene que decir!"

- Longino: "Te ato en el nombre del Espíritu Santo, arrodíllate antes de la Santa Cruz para que el Señor disponga de ti ser malvado... deja a este niño ahora mismo te digo y tú... escultura de locura y engaño, desmorónate ante nosotros como polvo para que el viento te aleje."

El niño cayó al suelo y con una gran voz el demonio salió de su cuerpo, inmediatamente fue arrojado al lago de fuego, al mismo tiempo, el ídolo se derrumbó ante nuestros ojos y el viento se lo llevó como arena en una tormenta, todo el mundo estaba asombrado por el poder de nuestro Señor Jesús, el niño estaba agradecido, le dijo a su padre que estaba atrapado en oscuridad durante mucho tiempo y pensó que iba a estar así para siempre, ahora podía ver la luz de un nuevo día y todo gracias a Jesús, ese mismo día muchos se convirtieron.

Un día estábamos en el banquete Santo tan pronto como tome Su carne en mi boca, caí en éxtasis... el ángel del Señor me llevó a un lugar alto en Capadocia y me señaló a Jerusalén, mis ojos viajaron hacia la ciudad donde maté a mi Señor, mi vista viajó allí en un instante y vi a todos los apóstoles reunidos en torno a alguien que estaba dormida... una mujer, se me dio el conocimiento de que todos los apóstoles, viajaron desde muy lejos para estar allí ese día para presenciar todo... entonces los cielos se abrieron, el ángel y yo nos tiramos al suelo en adoración, ya que podíamos ver a Jesús junto a su Padre y el Espíritu Santo... El Padre Todopoderoso dijo con una voz potente y la cual instantáneamente creó las flores más hermosas que jamás he visto, a través de todo el mundo, Él dijo:

- "VEN!"

La mujer comenzó a ser levantada de la tierra hacia el cielo, me dije a mí mismo "He visto a esa mujer antes", aquel día de la crucifixión ella tenía los ojos hinchados a causa de mi Señor Jesús en la cruz, era la Madre de mi Señor Jesús! Ella tenía los ojos cerrados al comprender que ella no murió, que solo estaba dormida... todos los ángeles del cielo cantaban: "Feliz la que ha creído en el Señor, Feliz la que ha dicho que SI!" Estaba más allá de las palabras, no hay nada que yo pueda decir para describir la alegría de los cielos cuando ella entró al palacio de Dios, entonces el cielo se cerró y el ángel me dijo:

- "Se cumplió la alegría de los hijos de Coré cuando Ella le dijo SÍ al Señor: *¡Escucha, hija mía, mira y presta atención! Olvida tu pueblo y tu casa paterna, y el rey se prendará de tu hermosura. Él es tu señor: inclínate ante él; la ciudad de Tiro vendrá con regalos y los grandes del pueblo buscarán tu favor. Embellecida con corales engarzados en oro y vestida de brocado, es llevada hasta el rey. Las vírgenes van detrás, sus compañeras la guían, con gozo y alegría entran al palacio real. Tus hijos ocuparán el lugar de tus padres, y los pondrás como príncipes por toda la tierra. Yo haré célebre tu nombre por todas las generaciones; por eso, los pueblos te alabarán eternamente."*

- Longino: "Ella sufrió todo el camino a la cruz con su Hijo."

- "Si, su dolor era grande, su corazón fue atravesado por el dolor, es triste que la mayoría se apartarán de Ella, a pesar de que puede buscar favores para ellos, está escrito que ella podría conseguir favores del Señor! Hay aquellos que incluso le llegarán a decir cosas horribles a Ella, pero así es la guerra... divide y vencerás, no soldado? La iglesia se dividirá en el futuro y todo esto será hecho por los hombres, no por Dios, pero no hay nada que el hombre puede hacer frente a los planes de Dios, porque Su voluntad siempre se hará, los enemigos de la iglesia trataran de borrarla y olvidarla... pero ¿cómo se puede borrar de Tu vida a la Madre de Tu Salvador? ¿Cómo se puede borrar su ejemplo? A pesar de que Ella es la Reina de la Misericordia! Pues Ella es la esclava del Rey de la Misericordia y Ella quiere la salvación de todos los hombres."

- Longino: "Qué pasa con aquellas que siguen sus pasos al palacio del Rey, quiénes son?"

- "Esas son las que dicen sí al Señor como Ella lo hizo, aquellas que se preservan puras para el Rey de Reyes, por sus ejemplos, muchas almas se ganarán para Él."

- Longino: "¿Qué pasa con sus hijos, a los que se les dio tronos...?"

- "Juan el apóstol se puso delante de Jesús en la cruz y Jesús le dijo: "Hijo, he ahí a tu Madre... Madre he ahí a tu hijo" y desde ese día el discípulo la recibió en su casa.

- "La casa del apóstol se refería a la iglesia y el apóstol es un sacerdote, cada sacerdote tiene que estar delante de la cruz y dejar que Jesús les diga eso precisamente, para que todos ellos pueden llevar a María a su casa, ella será una Madre para él y él un hijo para María, está escrito que su único deseo es que ellos hagan lo que Jesús les diga."

- Longino: "María es su nombre, la Madre de mi dulce Señor?"

- "Sí, entiende que los que la encuentran, hallan vida y obtienen favor del Señor... entiende que debes tener todas las herramientas a tu disposición con el fin de obtener la Misericordia de nuestro Señor Jesús, ese es el favor que Ella te obtendrá... Misericordia, y cuál es su Misericordia? Nada más que el fruto bendito de su vientre... Jesús."

- Longino: "Mi madre murió cuando yo vine a este mundo, fui criado por hombres... pero ahora sé que tengo una Madre que cuida de mí ante mi Rey, que preciosa ella es!"

- "Bien dicho soldado."

Luego me llevó de nuevo a donde estaba originalmente, todos mis hermanos estaban orando por mí y cuando llegué, se maravillaron por todo lo que el ángel me mostró, le dije a mis hermanos que esta visión era con el fin de utilizarse en sus oraciones, Afrodisio me dijo que era cierto pues él oyó que todos los apóstoles en Jerusalén se referían a Ella como su Madre cuando se hablaba de la Madre del Señor, todos concluyeron que el Señor nos estaba dando su propia Madre a todos sus trabajadores, que bonito es nuestro Señor!

Una semana más tarde estaba caminando solo fuera de Capadocia cuando fui emboscado por muchos demonios, en mi mente oré al Señor diciendo: "Mi Señor para ti es tan fácil, usa mis manos para esta batalla, no me dejes hacer nada yo mismo, porque soy débil y sin valor, con tu amor, soy tu soldado."

- "Hoy es el día monje que caerás... te superamos en número por decenas y no hay nada que puedas hacer!"

- Longino: "Si el Señor quiere que caiga hoy, yo soy su esclavo... Yo soy su soldado y no me moveré hasta que El me dé Su orden!"

- "Tu eres un patético monje asesino... no conseguirás salvación pues apestas con tanto pecado... tu caerás hoy!

En mi mente sólo estaba esperando mis órdenes, empezaron a golpearme, patearme, y a morderme a mí, entonces cerré los ojos lentamente y vi en mi mente escrito en el cielo: Llama a formación soldado... abrí los ojos y dije: "En el nombre del Padre, del Hijo y del Espíritu Santo." Inmediatamente un círculo de ángeles los rodearon, todos querían huir... pero no podían ir a ninguna parte pues los ángeles los ataron con su visión, uno de esos ángeles sacó su espada y con un mundo de velocidad los hirió a todos, ellos trataron de golpearlo... 28 demonios contra un ángel y no podían pegarle ni siquiera una vez, con una sonrisa el ángel mientras luchaba me dijo: "¡Soldado! cierra la formación... Repetí: "En el nombre del Padre, del Hijo y del Espíritu Santo", las heridas causadas por la espada crecieron hasta convertirlos en estatuas de polvo, que gran batalla..!

- "No te preocupes que las heridas se curan esta noche, pues vuestra Madre os visitará..."

- Longino: "Tú eres diferente de todos los ángeles, ¿quién eres?"

- "Yo soy el Arcángel San Miguel, comando el ejército de ángeles del Señor, yo sólo soy un siervo de quien tu sirves... el Cordero de Dios."

Luego guardó la espada que por cierto reflejaba estrellas, un arma más brillante que el sol...

- San Miguel: "Sí, esta espada es muy hermosa y se hace con el mejor material que hay... la palabra de Dios; por favor trata de descansar un ángel te llevará de vuelta a la casa."

Como un sueño todo sucedió, luego Afrodisio me llevó a mi cama, mis heridas eran profundas y mis moretones grandes yo estaba todo hinchado, tuve la noche más horrible, yo estaba ardiendo además de que todas mis lesiones me estaban ahogando en dolor, cada vez que cerraba los ojos tenía el mismo sueño sucediendo una y otra vez: "Yo estaba matando a Jesús, burlándome de Él, golpeándolo una y otra vez, parecía que estaba en ese sueño durante mil años, hasta que finalmente salí de ese ciclo por una visita.

- "Longino, Longino... soy yo tu madre!"

- Longino: "¡Madre... Madre Por favor, perdóname, perdóname por haber matado a Tu Hijo..."

- "Lo siento Longino no puedo perdonarte por lo que hiciste, eres un asesino, un criminal, una abominación, nadie te puede perdonar, definitivamente vas al infierno!"

Me paralice del asombro, si... sé que mis malas obras son irreparables y que verdaderamente merezco una eternidad en el infierno... pero algo estaba mal, algo estaba definitivamente mal, sé que no soy digno de Su Misericordia en el cielo, pero ¿qué pasa con este olor horrible! ¿Qué está pasando?

- Longino: "Oh Madre, es por eso que rezo, rezo porque sé que no soy digno y siempre lo hago: En el nombre del Padre, del Hijo y del Espíritu Santo...!"

- "NOOOOOOO!"

Era el mismo diablo disfrazado de la Madre de mi Señor! Llamar a la Misericordia de Cristo fue brillante, el disfraz del diablo se fue derritiendo y muestro su verdadera forma...

- Longino: "Hago un llamado a la Misericordia de mi Señor, por favor, Jesús, con un poco de Tu Divino Poder arroja esta bestia repugnante al infierno..."

- Tu nunca vas a ganar monje! Terminarás conmigo en el infierno!"

- Longino: "Yo te ato en nombre del Espíritu Santo y te tiro a los pies de Jesús, para que el Señor disponga de ti como a Él le plazca..."

- "NOOOOOOO!"

Yo estaba agotado cuando el diablo desapareció, gracias a Jesús por otra batalla en la que Él ganó, Él siempre gana y la voluntad del Padre siempre se hará... Te alabo Señor! Entonces la Madre de Jesús se me apareció con dos ángeles, ella estaba radiante y hermosa, vestida con el sol, una nube estaba a sus pies, y con muchas flores, uno de los ángeles me llevaron a la cama mientras ella sonreía.

- Longino: "Estoy arrepentido por haber matado a tu Hijo, por favor, perdóname..."

- María: "No te preocupes mi hijo has sido perdonado hace mucho tiempo, descansa mi Hijo y tomate esta sopa que te he traído."

La Dulce Madre de mi Señor se sentó y me dio de una sopa hecha de las entrañas de la Misericordia de Su Hijo, yo no podía soportar cada cucharada, era la cosa más dulce que he probado, mis heridas se curaron con la primera cucharada, cada cucharada llenaba mi alma de gracia... era increíble que Jesús mi Señor, envió a su propia Madre a cuidar de mí, yo estaba llorando como un bebé...

- María: "La alegría de tus lágrimas son sinceras y tienes que ser fuerte mi hijo para seguir a mi Hijo."

- Longino: "Sí madre le seguiré..."

- María: "Él quiere que tú te niegues a ti mismo, que recojas tu cruz y le síguas, no seas como tantos pensando "Soy una buena persona", mi hijo... debes saber que muchos incluso han hecho milagros en el nombre de mi Hijo y ahora están en el infierno, debes arrepentirte cada día, orar, ayunar, hacer buenas obras, reparar y confiar solamente en Su Misericordia. Soy tu Madre y rogaré Misericordia de mi Hijo para ti hasta que nos veamos de nuevo en el cielo."

- Longino: "Voy a seguirle, voy a seguirle con mi cruz a cuestas sabiendo a quien estoy siguiendo, mostraré al mundo enormes cantidades de alegría, porque estoy viendo a mi Señor delante de mí, Jesús y yo estamos caminando hacia la colina de la muerte, donde yo estaré con El para ser crucificados y abrazaré Su Misericordia como el ejemplo que nos dio el ladrón Dimas... "

Mi Dulce Madre desapareció con una hermosa sonrisa en su rostro, yo estaba completamente curado y honrado por su visita.

La semana pasó con continuas oraciones y ayuno, escuchábamos las noticias acerca que nuestros hermanos están sufriendo por la causa del Evangelio, Santiago fue asesinado por el rey Agripa I en Jerusalén después que nuestra Madre ascendió, Pedro fue encarcelado para complacer a los Judíos, Pablo fue arrestado en Cesarea y está en camino a Roma para una audiencia con el emperador, tantos hermanos que mueren a manos de los Judíos... nosotros fuimos perseguidos y en ocasiones tuve que esconderme, yo sabía que el tiempo estaba llegando a que los seguidores del diablo aquí en la tierra se revelaran.

Estaba rezando con el fin de iniciar algún tipo de conmoción en esta ciudad, en varias ocasiones hemos tenido ídolos vueltos a poner, después de que el Espíritu Santo les destruyó y eso era un problema, así que oré todo el día hasta la mañana siguiente... Con el primer rayo de luz llegó a la ciudad me quedé dormido y no podía ir a las oraciones de la mañana y al banquete, el ángel del Señor en mis sueños me mostró una batalla.

- "¿Te acuerdas de esta batalla soldado?"

- Longino: "Sí, esta fue la batalla donde hicimos prisionero a Barrabás..."

- "Sí, ¿te acuerdas de cómo tus tropas los manejaron a ellos?"

- Longino: "Nos dividimos en cuatro líneas para poder atacar todos los flancos, de esa manera nadie podría escapar."

- "Eso es lo que tienes que hacer, tomar tres más de tus hermanos vayan al centro de la ciudad y prediquen caminado hacia sus puestos, en el puesto de norte, sur, este y oeste, en la parte exterior de la ciudad, comiencen y terminen en el nombre del Padre, del Hijo y del Espíritu Santo... oren la oración de oro para que todos los ídolos se quemen, y todo aquel que no quiera que su casa se consuma en llamas debe de tirar su ídolos a la calle. Necesitas toda la fuerza posible de la fe que tienes en la Misericordia del Señor, como no fuiste al Banquete Santo, tomé un pedazo de su carne del Banquete, abre tu boca soldado, para que sea llenada con Su Misericordia!"

- Longino: "Recibí mi Señor y el ángel desapareció."

Fuimos al centro de la ciudad y predicamos las buenas nuevas de Jesús, hice exactamente lo que el ángel del Señor me dijo, algunas personas se mostraron escépticos, pero muchos creyeron y expulsaron sus ídolos, fuimos a nuestros puestos e hicimos la oración, los ídolos se consumieron en el fuego, muchas casas fueron quemadas y el lamentó fue de muchos, después de este gran milagro muchas personas se convirtieron, ese día los ídolos gritaron con el fuego del cielo, las autoridades de este país se dieron cuenta de lo sucedido, ellos estaban confundidos y sorprendidos.

Pasaron los días desde que esto pasó, la noticia de la gran conversión viajó rápido, por desgracia llegó hasta Poncio Pilato, ya que deserte del ejército por la creciente sed de Jesús, si ellos me encuentran me podían matar en el acto. El sueño mío matando a Jesús una y otra vez empezó atacarme de nuevo, esta vez era más persistente con la diferencia de que en el mismo lado perforado por mí a mi Señor, ese mismo lado me dolía cuando me despertaba, era un dolor agudo continuo y persistente, lo tomé con devoción en el nombre de mi Señor cada día.

Un día, el ángel del Señor me llevó a un monte, allí me mostró el futuro con respecto a los ídolos en todo el mundo.

- "Los ídolos saldrán de nuevo, muchos y más fuerte que antes, en un futuro lejano, hasta ahora lo has hecho muy bien mi soldado querido, muchos se han convertido y pronto serás testigo de Cristo ante el gobernador de Capadocia, en estos momentos Poncio Pilato ha oído de ti y los asesinos se están preparando para cabalgar sus caballos y cumplir las órdenes de su amo."

- Longino: "Más ídolos?"

- "Sí, el espíritu de la maldad no descansa ni un poco, esta vez van a utilizar ídolos de carne."

- Longino: "Ídolos de carne?"

- "Sí soldado, esta vez van a usar a los hombres."

- Longino: "Esto no puede ser, va a ser más difícil luchar contra ellos, ya que ello necesitan salvación también."

- "Tienen que pedir siempre la Misericordia de Jesús para ser salvos, pero no hay nada que el enemigo pueda hacer para modificar el plan de Dios... Misericordia se dará a través de ese lado que abrió tu lanza, si confían en el agua y la sangre que brotan del corazón de Jesús, hasta el pecador más cabeza dura encontrara la salvación."

- Longino: (Llorando) "Su Misericordia es tan bonita! Y dices que esto es en un futuro lejano?"

- "Sí, Longino"

- Longino: "Creo que todo eso lo veré desde el cielo, ya que mi tiempo en esta tierra está llegando a su fin".

- "Bien dicho soldado; políticos, artistas de todo tipo, doctores, reyes, soldados, e incluso hombres de Dios serán ídolos... todos adoradores del diablo y todas las riquezas y placeres de este mundo..."

- Longino: "Hombres de Dios?"

- "El diablo tendrá una pequeña victoria dentro de todas las iglesias, van a predicar en contra de las mentes de todo el mundo ajustando la palabra de Dios a su beneficio, van a predicar la felicidad a través de las riquezas que podrás conseguir, dirán que Dios quiere tu felicidad y desea que sean ricos, ellos se llevaran lejos el arrepentimiento y la gracia resultante de ella, predicarán en pecar, predicaran lejos del sufrimiento de la cruz... En lugar de negarse a sí mismos, dirán: "necesitas ser feliz y tienes el derecho de ser feliz", en lugar de tomar tu cruz cada día con alegría, dirán que: "Dios no quiere que sacrifiques nada, nuestro Dios no quiere que sufras", en lugar de seguir a Jesús dirán: "Sígueme"... El dinero será el foco principal de la sociedad y no Dios, cuando el Señor lo dijo: "No podéis servir a Dios y al dinero, no se puede tener dos amos".

- Longino: "Esto es malo... esto es una abominación!"

- "Los hombres iniciarán una guerra silenciosa con Dios a fin de borrarlo de los corazones de sus siervos, y muchos caerán... Algunos llevarán la contraria al don de la vida que solo viene de las manos del Padre Todopoderoso, algunas iglesias se abrirá para los no creyentes, van a decir que Dios bendiga a la unión de los sodomitas y la lista sigue y sigue."

- Longino: "¿Qué pasará con la iglesia... va la iglesia sobrevivir todo esto?"

- "La iglesia va a sobrevivir, pero muchos sufrirán a causa de esto... algunos se infiltrarán en la iglesia para plantar la semilla de la maldad, muchos administrarán la carne santa en la mano sin estar la iglesia bajo persecución, esto dará lugar a un abuso horrible, creando la impresión de que es sólo pan que se ha consumido en el banquete Santo, algunos se opondrán a sus hermanos por sed de poder, muchos van a desafiar la obediencia y también practicaran la sodomía entre algunos miembros de la iglesia, será un momento difícil para amar a Cristo y servirle, pero los que perseveren hasta el fin recibirán toda Su Misericordia."

- Longino: "Busco el perdón de mi Señor, en mi vida he probado alguna vez al hombre, soy una abominación... yo verdaderamente me arrepiento de este pecado..."

- "Mi dulce soldado, estos pecados se te fueron perdonados hace mucho tiempo, es muy bueno hacer reparaciones para recibir su Misericordia. Cristo dijo que si una prostituta verdaderamente se arrepiente y cree, esta entrará primero al cielo ... bueno, si un sodomita abraza la Misericordia de Jesús, se arrepiente de verdad y renuncia a pecar, este entrará segundo... Es realmente difícil entrar en el cielo, pero Su Misericordia es la que crea los santos solamente."

- Longino: (Llorando) "Yo le agradezco a mi dulce Jesús... Le doy las gracias por su Misericordia."

El ángel me llevó de nuevo a donde yo estaba, tomé Afrodisio y salimos a predicar, nuestro trabajo era siempre el mismo pero lo hacíamos con alegría y felicidad, siempre he tenido este dolor en el costado, mis sueños de matar a Jesús me daban ese dolor, al principio no era tan doloroso, pero hay veces que es insoportable; la gente siempre vienen con los enfermos y se convertían, los demonios siempre salían gritando (que no era una sorpresa), pero los que siempre me traía a mis rodillas desde que fui bautizado... SIEMPRE!, era el ciego.

Cada vez que alguien viene a mí con una perdida visual, siempre me recordaba cómo recupere mi vista, yo sabía que estaba perdonado, yo sabía que estaba predestinado para atravesarle y que ningún hueso se rompiera, pero no podía evitarlo, muchas personas eran convertidas de todos los rincones de Capadocia al ellos recuperar su vista, a veces el dolor en el costado era tal, que no podía levantar mi brazo derecho, tomé este sufriendo con mucho amor, soy un soldado de Cristo y Él sufre cada día para todos nosotros, tomando un poco de su dolor es como cuando el hombre de Cirene le ayuda con la Cruz... para mí es un honor que no merezco.

Fue una semana desde que el ángel me habló, así que supongo que los asesinos de Pilato están casi a la puerta, en cualquier momento podría ser mi último día en la tierra.

Afrodisio una mañana estaba predicando solo en la plaza hasta que los guardias del gobernador vinieron y se lo llevaron a la cárcel, un poco más tarde Afrodisio estaba frente al Gobernador, él le decía que no le gustaba que le destruyeran a sus ídolos en la ciudad, luego él le mostró a Afrodisio más ídolos que iban a ser colocados en la ciudad, ya que el gobernador se disponía a hacer al pueblo a adorar a sus ídolos.

- Gobernador: "Usted ha sido declarado culpable de la destrucción de los ídolos en toda Capadocia... una pena apropiada será dada."

- Afrodisio: "Tú eres un adorador del diablo, devoto adorador del diablo!

- Gobernador: "¡Silencio... guardias... córtenle la lengua a este hombre de una vez, vamos a ver si es capaz de decir esas cosas desagradables de mí de nuevo!"

Le cortaron la lengua delante de una multitud y lo sacaron del palacio, lo dejaron allí a su suerte. Algunos hermanos piadosos lo trajeron de vuelta a mí.

- Longino: "Hola Afrodisio..."

Inmediatamente el Espíritu Santo le hizo hablar sin lengua, y todo el mundo quedó maravillado por el poder de Dios...

- Longino: "Estás listo para un poco más de esto hermano Afrodisio."

- Afrodisio: "Sí... todo en el nombre de Jesucristo, Señor nuestro."

Esa noche yo estaba caminando por la ciudad y algunos caballeros llegaron cabalgando en sus caballos y me preguntaron...

- "Dónde podríamos encontrar a alguien llamado Longino? Nos dijeron que él vive aquí en Cesarea, tenemos asuntos importantes con él!"

- Longino: "Mi caballero, todos ustedes parecen estar cansados... dejen que les enseñe un poco de cortesía, ya que yo también fui soldado hace mucho tiempo, luego les diré dónde exactamente Longino está."

- "Usted fue un soldado eh... bueno, está bien."

Los llevé a la casa, Afrodisio que también deserto del ejército estaba allí, él sabía lo que estaba a punto de pasar ya que el Espíritu Santo le mostró sus intenciones y las mías, Afrodisio decidió morir en el martirio conmigo ese día. Hablamos durante mucho tiempo acerca de los militares, mientras... les servía como si estuviera sirviendo a mi Señor y Salvador Jesús, Afrodisio también lo hacía, y después de la velada querían saber nuestros nombres, ya que se habían identificado con nosotros.

- Longino: "Sí, él es Afrodisio un desertor como yo... Longino."

- "Es acaso esto una Broma?"

- Longino: "No es broma mi amigo, deserte del ejército buscando a nuestro Señor Jesús y le encontramos, esa orden para nuestra muerte es nuestra culpa por haber abandonado nuestras tropas, por favor, siga sus órdenes."

Nos rogaron que huyéramos, querían que escapáramos, pero nos negamos... después de un rato, el comandante nos dijo que tenían que informar al Gobernador primero antes de poder llevar a cabo sus órdenes y sus últimas palabras fueron:

- "Por favor, huye Longino, no quiero matarte."

- Longino: "Ya sé que tienes que ir con el gobernador puedes ir adelante y hacerlo, mañana nos presentaremos ante el gobernador, pues debemos arreglar algo, y luego tendrás la cabeza como se te ordenó, por favor, comprenda que esta es nuestra culpa por no cumplir con nuestro juramento como soldados a los ejércitos de Roma, no quiero deberle a nadie en la tierra, queremos enfrentar a nuestro Señor sin ninguna obligación aquí en la tierra."

- "Como quieras ... mañana será!"

Se fueron con una cara triste, pero la cosa es que una vez que supiera que estaban en la ciudad, ellos no se podían devolver y decir que no nos encontraron, una vez que ellos entren en el palacio del gobernador y les muestren las órdenes de ejecución, el gobernador reconocerá que estamos viviendo en Capadocia y firmara las órdenes.

Nos fuimos a dormir con un poquito de temor en nuestro interior de lo que el mañana nos pueda traer a nosotros, todos estos pensamientos no querían salir de mi cabeza, y sabía que estos pensamientos de dudas no eran míos, así que empecé a rezar a mi Señor:

- Longino: "Por favor mi dulce Jesús, no me dejes solo, por favor, permanece a mi lado, recuérdate de tu soldado, el soldado que tu amas! Haré lo que me pidas aunque sé que no tengo méritos para ganar ninguna gracia, lo único que quiero es Tu Misericordia mi dulce Señor, eso es todo lo que pido, eso es todo lo que quiero."

De inmediato, el diablo estaba allí y me dijo que no tenía ninguna oportunidad de entrar en el cielo...

- "Así es, no tienes ningún mérito monje, no hay manera de que tú puedas entrar en el cielo, tú has hecho más mal que bien en este mundo, pero si te entregas a mí te voy a conceder muchas riquezas y revocaré la orden tu muerte en un instante!"

- Longino: "Déjame satanás en el nombre de Cristo Jesús mi Señor, porque sólo la alabanza y la gloria son para el Padre, el Espíritu Santo, y Él, ni siquiera la muerte puede detenerme de amarlo... vete!"

- "Te arrepentirás monje cuando te obtenga bajo mi control."

- Longino: "Eso nunca sucederá porque estoy confiando en Su Misericordia... vete ya bestia repugnante!."

Luego desapareció, más tarde el ángel del Señor vino a mí y me dio unas palabras a llevar conmigo mañana.

- "Tu utilizas la fe como se debe, al ver todas estas buenas obras de tus manos, tomaste siempre la Carne y la Sangre santa sabiendo que no eras digno, bien hecho! Dejaste que el Señor te envuelva con el Espíritu Santo y creará de ti lo que El visualizó de ti desde tu creación en el cielo, oraste, ayunaste, sufriste con paciencia, e hiciste lo que el Señor quiso... "

- Longino: "Por qué me estás diciendo todo esto a mí...? Yo sólo quería amarlo como Él me amó... ¿qué está pasando?"

- "Mañana mi soldado querido confía en solo en Su Misericordia, porque sólo ella es la que te llevará a estar con Él para siempre, ningún hombre es digno de estar cerca de la santidad, por esta razón Su Sangre y agua brotaron de Su costado, de modo que todos los hombres sepan que sólo a través de Su Misericordia al cielo se puede llegar... confiar en ella, respírala, conócela, y se Misericordia. Jesús mismo dijo: "El reino de los cielos es semejante a un tesoro escondido en un campo, el que lo encuentra lo vuelve a esconder, y lleno de alegría, va y vende todo lo que tiene y compra aquel campo." Al igual que Dimas reconoció quién estaba a su lado en la cruz y pide Su Misericordia, tú también debes hacer."

- Longino: "¡Gracias hermano, gracias por tu paciencia conmigo, yo sé que soy un instrumento sin valor, pero cuando esta herramienta está en las manos de Jesús... funciona!"

El ángel desapareció con una sonrisa en la cara y me fui a dormir, luego tuve el mismo sueño de nuevo, esta vez era yo en la cruz y yo atravesándome a mí mismo con la lanza, el dolor era terrible, pero no moría como le pasó a mi Señor, entonces Jesús bajó del cielo y el otro yo se escapó.

- Jesús: "Todos vendrán a la colina de la muerte, uno a uno, a obtener la salvación o condenación para siempre, ¿por qué tener una vida corta mortal llena de placeres de la carne cuando se puede tomar una eternidad de gozo inimaginables, no hay palabra terrenal para describir las cosas que he preparado para la felicidad del hombre en la casa de mi Padre."

- Longino: "Quiero estar contigo Señor para siempre si me dejas, me arrepiento de todos mis pecados y quiero Tu Misericordia ahora y para siempre, no importa donde tenga que vivir en el cielo, en el rincón más pequeño quiero vivir si me dejas estar en tu presencia Señor... con Tu Misericordia en mí, yo sólo necesito dos metros de espacio en Tu presencia para siempre, así es como yo quiero vivir, no importa si me quedo en esos dos metros para siempre, si yo estoy en tu presencia, es suficientemente para mí."

El sueño terminó y no tuve más dolor en mi costado como siempre lo tenía, era de mañana y después de las oraciones yo y Afrodisio fuimos a ver al gobernador; él no nos quería ver allí, así que nos llevó a algún tipo de arena donde personas llegaban para ver nuestra ejecución, mucha gente estaba gritaba y nos maldecía, y unos pocos lloraban en silencio.

- Gobernador: "¡Este hombre y su amigo siempre destruían nuestras estatuas y sanaban a los enfermos, con la ayuda de demonios, ellos abandonaron sus deberes militares hoy se les sentencia a muerte."

Me dirigí a la gente con la voz del Espíritu Santo...

- Longino: "Actuamos con el poder del Único Dios verdadero por medio de Su Hijo unigénito Jesús, quién murió en Jerusalén por nuestros pecados, nuestro Dios, el Padre, lo resucitó y le dio la gloria y el poder, ahora Él está sentado a Su derecha en el cielo!"

- Gobernador: "Estas son todas mentiras! Tenemos nuestros propios dioses y ellos son más poderosos que el suyo!"

- Longino: "Ahora todos estos ídolos aquí en este campo desaparecerán como arena en el viento y tu salud se ira con tu lengua perversa."

- Gobernador: "¿Qué lengua o dientes? Si tu no tendrá más... ¡Guardias!"

De inmediato, los guardias salieron y me tomaron de las dos manos y me sacaron primero los dientes (cuanto dolor!), pero confiábamos en la Misericordia de mi Señor... todos se estaban riendo, y luego otro guardia me agarró la boca, saco mi lengua y la cortó con un cuchillo.

- Gobernador: "Ja, ja, ja, ja, ahora... qué pasó? El gato te comió la lengua? ¿Qué pasa Longino, tu que tenías una boca grande y ahora, no más!"

- Longino: "Por esto quedarás ciego y la salud de tu cuerpo huirá de ti, porque no reconociste que Dios es el único Dios verdadero y su Hijo es el Señor."

Todas las personas que allí se sorprendieron de que yo pudiera hablar después de que mi lengua se había cortado, el Gobernador inmediatamente fue cegado y todos los ídolos allí comenzaron a desaparecer con el viento, toda la gente estaba alabando a Dios y Su Hijo Jesús por los milagros.

- Gobernador: "Por favor, ayúdame a Afrodisio, dile a Longino que ore por mí a Jesús para que yo pueda recuperar mi salud."

- Afrodisio: "Yo no sé por qué usted me está hablando a mí, yo no debería hablar, sí usted también cortó mi lengua ¿recuerda?"

- Gobernador: "Por favor... por favor, Dios es verdaderamente el único Dios verdadero y Jesús es su Hijo, realmente creo!"

- Longino: "Lo haré si me prometes dejar que el hombre que Pilato mando salde nuestra deuda con Roma cortando nuestras cabezas ahora."

- El gobernador: "Pero Longino eso es una locura..."

- Longino: "No, no lo es... nadie tiene que morir por nosotros, esta deuda tiene que ser pagada hoy..."

A continuación, el gobernador dio la orden de cortarnos la cabeza y con una lágrima en sus ojos el soldado hizo su deber...

La sangre que estalló de mi cabeza, salpicó a la cara del gobernador y él se curó de inmediato, su salud volvió, los soldados inmediatamente se llevaron las dos cabezas a Jerusalén y se las mostraron a Poncio Pilato.

Yo y Afrodisio estábamos en oscuridad cuando nuestra Madre llegó en una nube de luz...

- María: "Hola, Mis hijos, he venido a llevarles al cielo ya que esos son los deseos de mi Hijo."

- Longino: "Dulce es la hora en que estamos juntos Madre, dulce es Tu Misericordia la cual nos muestra a tu Hijo, nuestro Rey y Salvador..."

Comenzamos a ascender a los cielos, Afrodisio estaba abrumado por el amor y no podía decir una palabra, vimos a Israel, los Reinos, el Imperio, las tribus y otros grupos de personas que se quedaban atrás, las nubes se han ido, también la luna y el sol, justo por delante... un destello de luz, calor de una luz tierna que nos abrazaba a nuestro alrededor. Llegamos a un lugar donde todo es un millón de veces más bello que en casa, flores cantando y alabando al Rey de Reyes, la hierba más verde que jamás hayamos visto, pudimos ver y oír mejor, vimos gente alabando y amando al Padre Todopoderoso a los pies de su palacio, la música estaba por todas partes, en un tono melodioso y al mismo tiempo con las diferentes alabanzas hacían una sinfonía celestial grande de Amor, había luz en todas partes, ángeles que volaban por todas partes, algunos incluso anunciando nuestra entrada al divino tribunal del Santo Rey, Afrodisio entro adelante y fue juzgado primero mientras yo esperaba mi turno, vi una cara familiar... el Arcángel San Miguel.

- Longino: "Dulce comandante, benditos sean mis ojos verte ahora..."

- San Miguel: "Soldado nos dijeron que venías... Me alegro de que abrazaste Su Misericordia!"

- Longino: "Yo también Comandante, estoy contento de haberlo hecho..."

- San Miguel: "No te preocupes mucho mi amigo, el Señor te dio Su Misericordia todos los días y cada vez le abrazabas, tu sufrimiento era mínimo en comparación con la pasión del Rey, todo el mundo tiene que sufrir un poco de lo que la vida te dé para venir aquí, pero el dolor y el sufrimiento por sí solos no pueden hacerlo, pero Su Misericordia si... Me alegro por ti!"

- San Miguel: "Ahora ve... que nuestro Rey está listo para ti..."

- Longino: "Gracias, Comandante!"

Entré en el tribunal Santo; allí... el juez estaba esperando esta alma indigna...

- Jesús: "¡Dulce soldado... He estado esperando por ti, Ha sido mucho tiempo desde que nos conocimos en el Gólgota..."

- Longino: "Verdadero amor mío, he sufrido ese día a lo largo de mi vida y aprendí a apreciar ese día para siempre, no podía hacerlo sin Tu Misericordia ya que fue Tu Misericordia que me liberó de la oscuridad que había en mí."

- Jesús: "Por eso vienes a mí sin manchas, perdoné todos tus pecados y pagaste con tu vida la desobediencia que hiciste en el ejército y todo fue resuelto por sangre, tu seguiste todas las instrucciones de mis discípulos... mis sacerdotes! Has luchado la oscuridad como luchaste cuando estabas en el ejército de Roma pero al más alto de los niveles de obediencia con fe y caridad... Una vez le dijiste a mi Madre que seguirías el ejemplo de Dimas cuando abrazó Mi Misericordia clavado en la cruz... y lo hiciste! Comenzó la persecución a través de los Judíos y luego siguió con los extranjeros... fuiste elegido por mi Padre desde el principio de tu creación para tener la oportunidad de cumplir la profecía, de no aplastar ninguno de mis huesos, lo cual dio al mundo un mar de Mi Sangre y Agua... bendito es aquel que se cubra con los dos! Fuera de pecar contra el Espíritu Santo, el pecador más cabeza dura pueden ser salvado a través de Mi Misericordia, que sólo se puede lograr por medio del arrepentimiento sincero y creer que soy el Rey de Reyes, Señor y Salvador, El Hijo de Dios, la Luz, la Verdad y la Vida."

Luego levantó su mano y me tocó la cara...

- Jesús: "Ven mi hijo y disfruta del Amor de mi Padre para siempre, Él se agradará cuando te presente delante de Él, a partir de ahora tu trabajo es orar a mi Padre por todos los ciegos en el mundo para que recuperen su vista y orar por el que esta espiritualmente ciego, para que abran sus corazones a mi Misericordia eterna."

Salí del tribunal y los ángeles cantaban una canción de bienvenida al Reino del eterno Amor, Dimas estaba esperando fuera del tribunal y me dio una sonrisa, algunas de las personas que conocí en mi vida mortal ya estaban allí, Cornelio, Stephaton, María, mi ángel de la guarda (que por cierto el ángel se llamaba Axel), pero no vi a Afrodisio...

- Dimas: "Hey dulce soldado..."

- Longino: "Hey dulce ladrón..."

- Dimas: "He orado mucho por ti desde el día que Jesús ascendió, que fue el día que Él me juzgó... aquí en el cielo no hay días o noches, solo eternidad, ya que estamos viviendo en los brazos del amor donde sólo hay luz para siempre..."

- Longino: "Por qué desde el día en que Jesús ascendió?"

-Dimas: "Porque Jesús dijo ese día Misericordioso, que los dos estaríamos en el paraíso... ese día me llevaron al paraíso junto con algunas almas, estábamos en el paraíso al otro lado del río disfrutando del amor de Dios y esperábamos por su ascensión, Él cumplió su palabra y al cumplir la profecía de la resurrección al tercer día, luego se quedó con sus discípulos por poco tiempo y luego El ascendió, me Juzgó y me entregó la tarea de orar por todos los ladrones y criminales, ya que la mayor parte de tu vida mataste a veces por aburrimiento, caíste en mi territorio... así que todos los elogios son a favor de Jesús al darte el Tesoro de los Cielos, el cuál es Su Misericordia."

- María: "Si te preguntas acerca de Afrodisio tu hermano, él está en el purgatorio limpiándose de un poco de mancha que él tenía, él va a estar allí durante medio día y luego él va a salir a disfrutar del Amor de Dios para siempre."

Qué increíble es el amor de Dios? Él realmente ha mostrado gran Misericordia, para aquellos que verdaderamente lo aman nada es imposible para mi Señor, , Afrodisio no estaba allí todavía, pero en Su eterna Misericordia, Dios... tiene un lugar para aquellos que tiene algunas manchas pequeñas (pecados benignos) al momento de morir, como nada puede entrar al paraíso con mancha alguna, es juzgado en el Santo Tribunal con el fin de administrar Su Justicia Poderosa y Misericordia para aquellos que merecen la salvación o la condenación para siempre. Jesús, nuestro Señor dijo: "Que cualquiera que dijere alguna palabra en contra del Hijo del hombre, podrá ser perdonado, más cualquiera que hablare en contra del Espíritu Santo, no le será perdonado, ni en este mundo ni en el venidero." Después de que estás en el paraíso, no hay apelaciones que se puedan dar, para los que tienen manchas benignas el purgatorio se hizo; un niño rico que le preguntó a Jesús cómo entrar en el Reino de Dios, en vez de seguir a nuestro Señor decidió volver a sus riquezas y los discípulos se preguntaron quién podrá salvarse después de que Jesús dijera: "Es más fácil que un camello pase por el ojo de una aguja, que un rico entre en el reino de Dios." El Señor de los Señores les explicó que "Para los hombres era imposible, más para Dios, no; porque con Dios todo es posible." Las personas no saben o no quieren saber nada de la santidad en el mundo de hoy, pero no se puede entrar en el cielo con una mancha. , Jesús te quiere para Él, como Él revela Su Misericordia hoy para ustedes, el Tesoro está abierto y sangra ORO cada día, el oro que Dimas apreció y también su siervo humilde Longino, tenemos que arrepentirnos cada día y seguirle al Gólgota donde seremos crucificados. Si quieres ser como Dimas arrepiéntete sinceramente de tus pecados y entrégate a Jesús hoy.. ahora mismo, diciendo con corazón sincero estas palabras conmigo: Perdóname Jesús, yo te amo Abrazo tu amor Jesús, abrazo al Hijo de Dios, abrazo mi cruz, Abrazo Tu Reino, me niego al mundo ahora Señor. Amén.

Es una guerra lo sé, una que su siervo Longino luchó con las armas entregadas por la Misericordia de Jesús, Él ganó la batalla por nosotros ya!... Espero que abras tu corazón hoy a Su Misericordia... es mi deseo más sincero... es la base de mi oración. Amén

# Para ser un santo...

Requiere coraje...
Requiere un sí...
Requiere conocimiento...
El conocimiento de que por tu cuenta, no puedes ser santo...

Es necesario que lo quieras...
Es necesario que lo pidas...
Es necesario que lo logres...
Por la necesidad de tus hermanos, tienes que ser un santo...

No se puede ser santo sin humildad...
No se puede ser santo sin sacrificio...
Sólo se puede ser un santo con la Misericordia de Jesús...
Debes saber, que no se puede entrar al cielo sin ser un santo.

# Oración a la herramienta de la Misericordia del Señor...

Oh! **María**, sin pecado concebida, ruégale a tu Hijo, nuestro Señor
Jesucristo...
Que cambie el agua de nuestras vidas a otro color,
cambia Señor Jesús, así como en Caná...
El agua de nuestras vidas en vino, así nuestras vidas tendrán
color...
El color de tu amor. Amen.

# LIBRO III:

# <u>DIAMANTES</u>

# PREFACIO

Pequeñas hermosas gemas vinieron de Su mano Omnipotente y grandes diamantes Él quiere de vuelta, nada con mancha entrará en Su presencia, por lo tanto necesitas convertirte en un santo. Hay muchos santos en la Iglesia, algunos que conocemos y mucho más que no conocemos, algunos de ellos han de hacer milagros sólo a través de un sí al Señor y otros solo están en unión con El Padre... Cuando alguien en el mundo muere a causa de la buena noticia del Evangelio, vida encuentran en Jesús; algunos diamantes son pequeños, medianos o grandes (santos)... pero cualquier aspereza encontrada será pulida a través de Su Sangre y Agua, corazones de piedra serán reemplazados por corazones naturales, hay cosas que son verdad aún usted crea o no, pues muchos diamantes sus bordes necesitarán tiempo a través de la Santa llamas. Muchos lobos hoy por hoy llevan ovejas al despeñadero por lo que nunca estas, podrán llegar a ser diamante... La Misericordia de Jesús es lo único en que tenemos que confiar, Su Misericordia se puede comer y adorar todos los días ya sea en el Santo banquete o en el Santísimo Sacramento del altar. Oremos para que El Padre envié más trabajadores que nos llevan a la santidad, trabajadores sedientos por almas para Jesús. Amen.

# I

¿Qué es un diamante? Una piedra preciosa de forma cristalina de carbono puro. El calor, la presión y con tiempo pasara con el fin de obtener un diamante a partir de carbón natural a nivel molecular, entonces cambios se dan para que el carbón pueda convertirse en un diamante. No hay otra piedra más importante en la historia de la humanidad que el diamante. Los hombres incluso han luchado durante siglos para conseguir una cosa tan preciosa en sus manos, la sangre se ha derramado sobre tal deseo vano. El valor de un diamante es impulsado por la demanda y el valor, depende de su pureza, forma, tamaño y peso (quilates)... Algunos diamantes podrían convertirse en algo que no tiene precio, dependiendo de sus quilates, rareza y corte, por ejemplo, el Kooh-I-Noor actualmente en posesión de la Corona británica y un diamante de color amarillo pálido de la colección de la Corona francesa en exhibición en el Louvre no tienen precio; el Cullinan, Hope, De Beers Centenary, la Steinmetz Rosado son todos hermosos, pero todos los diamantes del mundo no son más preciosos que el 0,0000000001% de una pequeña fracción de nuestras almas.

Yo estaba con mi esposa cuando Dios me dio la gracia de ver un espectáculo maravilloso, un milagro de Su Misericordia.

Era uno de esos días... mi esposa quería ir de compras, fuimos a uno de sus lugares favoritos: Ross... la verdad y creo que para todo hombre, ir de compras con la esposa es una tortura, pero es una cosa que hay que hacer por el bien de la relación entre una pareja, de todos modos, mi esposa estaba viendo vestidos, yo estaba caminando por la tienda pensando en Dios y lo dulce que Él es, de repente en mi mente llego este pensamiento:

"Si pudiera verte Señor en cada persona sería increíble", antes de que pudiera terminar esa frase en mi mente, el Señor me concedió la gracia de ver cómo la gente reflejaba Su Amor, la carne no era un problema para Su Poder, toda esta gente delante de mí brillaban como diamantes! Estaba tan sorprendido por Su Misericordia, por Dios dejarme ver este gran milagro de Amor, en mi mente se me dijo que estas personas en realidad estaban brillando no por su propia fuerza, pero en realidad estaban reflejando a Dios "aquel cuya apariencia brillaban como piedra de jaspe y de cornalina. Y alrededor del trono había un halo tan brillante como una esmeralda. "(Apocalipsis 4:03), Dios está en todas partes, todos en esta tienda estaban haciendo sus compras, sus almas eran como un espejo de la belleza celestial de nuestro Dios, la luz reflejada era un recordatorio de que Su Misericordia está en todas partes gracias a los sufrimientos de su Hijo unigénito, Jesucristo. De Su costado salió sangre y agua para transformar al mundo entero, todos brillaban excepto una persona que vino a pasearse exactamente en frente de mí durante este increíble y hermoso milagro, una mujer joven con ropa deportiva y como podrán imaginar todo lo que llevaba era corto, tan corto que sus atuendos solo podían reflejar indecencia (en otros países esta joven hubiera podido caer en la cárcel o algo peor.) Pero nada mis seres queridos... así es el camino del mundo, toda la visión se detuvo con esa falta de decencia entre ella y mis ojos, mis ojos pidiendo a gritos más indecencia!

Así es cómo funciona la carne y la carne es débil para algunos de los placeres que el diablo se le permite lanzar en nuestro camino, hoy por hoy... nuestra cultura es el amor hacia ti mismo, cultura que entra en conflicto con El Reino de Dios que llama a negarte a ti mismo. De todas formas, la joven mujer se fue en otra dirección y gracias a Jesús la visión siguió, el reflejo de una luz tan hermosa vino de nuevo a mí y me dio una enorme sensación de paz, me gustaría que alguno de ustedes durante su vida vea lo que yo vi aquella tarde, una hermosa luz como se refleja en todos los hombres, mujeres y niños.

Esa visión no retorno a mí de nuevo como aquella tarde cuando yo estaba viendo gente brillando durante unos 20-30 minutos en la tienda y créanme que he rezado para que esa visión vuelva, pues el efecto de esa visión fue impresionante y me dejo en un estado de paz inmenso; cuando se experimenta a Dios, nunca quieres que la experiencia se termine. Pero una vez paso de nuevo, yo entraba a Weshore plaza por la entrada de la tienda Sears en Tampa, entramos para ir a la tienda de zapatos Payless y al otro lado del pasillo vi a esta señora afroamericana, entre 60 y 70 años de edad, ella brillaba más que cualquier persona que yo haya visto, estaba yo encantado de que Dios me diera la gracia de volver a ver a Su Misericordia otra vez, ella estaba con toda su familia y supongo que por eso no me quise acercar a ella pues no quería alarmarla por esta visión, así que no me acerque a ella... ella debe de amar a Jesús más que a nada en la vida, más que la vida misma! Oh Dios, qué dulce es Tu Misericordia, están aquellos que aman a Jesús y los que reflejan Su Misericordia, pero los que realmente van a disfrutar esa Misericordia es el que abrace a Jesús como el Hijo de Dios, el Salvador, el Camino, la Verdad, la Vida, aquel que murió por nosotros en la Cruz... para que puedan convertirse en verdaderas joyas limpias ante los ojos del Señor y disfrutar de los cielos. Amen.

## II

Nuestro Padre Todopoderoso tiene un plan sin errores y todo comienza y termina con Su Amor, desde el principio Dios tenía a su Hijo unigénito en ruta hacia el sacrificio, para así conquistar la muerte y dar a los hombres la esperanza en la eternidad, porque la ley requiere que todos los que pequen deben de morir, pero a esta ley le fue dada un puente, un puente de Misericordia a través de la pasión y la resurrección de Jesús.

Para aquellos que creen en Jesús, ellos serán verdaderamente libres a través de El para así alcanzar la eternidad; Dios necesitaba que Su Hijo unigénito naciera en el mundo y debía de hacerlo en el recipiente más limpio, por lo que Dios creo algo tan bello, tan magnífico y limpio, para llevar al Santísimo en su interior, el arca de la nueva alianza y el diamante más puro de todos "Y el templo de Dios fue abierto en el cielo, y el arca de su pacto se veía en el templo. Hubo relámpagos, voces y truenos, un terremoto y una violenta tormenta de granizo." **(Apocalipsis 11:19)**, la nueva Eva para limpiar el nombre de toda mujer por los hechos de Eva y mostrar a la humanidad el Amor Maternal de Dios: María.

La mayoría de la gente no entiende el papel de María en la historia de la salvación, pero podríamos resumir su papel en la siguiente comparación: el sol es el centro del sistema solar y no hay otra estrella como centro, también no hay otra fuente de luz igual al sol cerca de nosotros, allá afuera se podía ver nebulosas, planetas, cometas... pero todas las fuentes de luz astronómicamente hablando proviene de una estrella, la luz posterior se refleja en todo lo demás... Dios es el sol y fuente de luz para todas partes. La creación primero comenzó por la luz y todo lo demás se ha visto en la luz, vio Dios que era bueno y también todo lo que siguió, fue bueno a los ojos de Dios para la próxima gran creación: el hombre y la mujer. Luz tuvo su tiempo durante el día y el sol brilló mientras que algunos otros lugares se mantuvieron en la oscuridad, pero Dios es tan Misericordioso que Él creó la Luna y las estrellas lejanas para que el hombre se maraville en el Poder de Dios, la luna y las estrellas distantes estaban allí para nosotros cada noche.

La Luna da vueltas a la tierra dando inspiración a muchos poetas, para que las personas sueñen en llegar a ella y maravillarnos de su belleza, la luna refleja los rayos del sol para que los hijos de Dios en la tierra puedan ver un poco mejor de noche, es difícil andar por ahí cuando luna nueva está disponible, pues no hay refección de luz de su superficie, pero eso no quiere decir que la Luna no está allí... Usted ve, la luna no tiene potestad sobre ella, si la luna pudiera decir algo en este momento, ella nunca diría algo como: "¡Voy a brillar por mi propia fuerza."

La Luna no es más que una herramienta del Sol, la luz se refleja en su superficie por el bien de la humanidad, y de nuevo, la luna no tiene ningún poder en absoluto, sólo el poder dado por el sol.

María, la Madre de nuestro Señor Jesús es como la luna, que no tiene ningún poder propio, pero sólo el poder que le dio Padre Todopoderoso: Su Hijo único, y ese es el poder que ella tiene... Misericordia y cuál es Su misericordia?, el fruto bendito de su vientre: Jesús, eso es todo... quien piensa que María podría salvar a una persona por su propia cuenta se encontrará nada más que su perdición, pero aquellos que pidan a ella, para que su Hijo les de Misericordia la obtendrán, así es como encontrarán vida a través de sus manos.

Jesús dio a su propia Madre en la cruz a toda la humanidad, es realmente una necesidad para cualquier persona que este ordenada en cualquier posición dentro de la Iglesia, que dependa de esta poderosa herramienta de la Misericordia dada por Jesús. Él le dijo: "Hijo, he ahí a tu Madre... Madre, he ahí a tu hijo" **(Juan 19:26-27)**. Ese mismo día, el discípulo la recibió a María en su casa, ¿por qué Juan fue tan querido? porque era un discípulo y amigo?

De los apóstoles, él era el único que podía hacerse cargo de María con el mismo amor que Jesús siempre hizo aquí en la tierra. Juan estaba reclinado en el pecho de Jesús y Juan en ese momento oyó el sonido más hermoso que cualquier ser humano ha escuchado antes, escuchó el corazón de Jesús y el misterio de su Misericordia desbordante para toda la humanidad, la única otra persona que sabía de ese sonido antes que Juan, María misma...

Si, Juan estaba en la cruz, pero quién era Juan? El no sólo fue un discípulo, apóstol, amigo, pero un sacerdote! Un sacerdote que llevó a María la Madre de Jesús a su propia casa, y cuál es la casa de Juan? La casa de un sacerdote es la Iglesia y el sacerdote no puede hacer sus tareas cotidianas efectivamente sin estar frente a la cruz para recibir la Madre de Jesús en su vida, si lo hacen no serán sacerdotes muy eficientes, no hay un santo hoy que no haya amado a María.

María nunca dudó de la palabra del Padre, Ella dijo que sí a todos sus mandamientos, Ella nunca pecó y asistió al Hijo del Padre Omnipotente con amor y silencio, ella nunca pedirá nada fuera del plan de Dios y de su santa palabra; mucha gente ha caído en el engaño de decir cosas malas de ella, mucha gente ha caído en el engaño de ignorarla, otros han caído en el engaño de adorarla, pero toda esta mala conducta / omisión / adoración a ella, solo obra negativamente hacia esa persona, la gente que la adora a Ella le causa a María repugnancia. María sólo quiere que todos los hombres sean salvos por medio de su Hijo, no por medio de ella... Así que está bien orarle a ella por Misericordia? Por supuesto, es más que bien... María buscará el favor de Su Hijo Jesús para los que necesitan Misericordia, cumplimiento el salmo de Coré **(Salmo 45)**.

*"Me brota del corazón un hermoso poema, yo dedico mis versos al rey: mi lengua es como la pluma de un hábil escribiente. Tú eres hermoso, el más hermoso de los hombres; la gracia se derramó sobre tus labios, porque Dios te ha bendecido para siempre. Cíñete, guerrero, la espada a la cintura; con gloria y majestad, avanza triunfalmente; cabalga en defensa de la verdad y de los pobres. Tu mano hace justicia y tu derecha, proezas; tus flechas con punzantes, se te rinden los pueblos y caen desfallecidos los rivales del rey. Tu trono, como el de Dios, permanece para siempre; el cetro de tu realeza es un cetro justiciero: tú amas la justicia y odias la iniquidad. Por eso el Señor, tu Dios, prefiriéndote a tus iguales, te consagró con el óleo de la alegría: tus vestiduras exhalan perfume de mirra, áloe y acacia. Las arpas te alegran desde los palacios de marfil; una hija de reyes está de pie a tu derecha: es la reina, adornada con tus joyas y con oro de Ofir. ¡Escucha, hija mía, mira y presta atención! Olvida tu pueblo y tu casa paterna, y el rey se prendará de tu hermosura. Él es tu señor: inclínate ante él; la ciudad de Tiro vendrá con regalos y los grandes del pueblo buscarán tu favor. Embellecida con corales engarzados en oro y vestida de brocado, es llevada hasta el rey. Las vírgenes van detrás, sus compañeras la guían, con gozo y alegría entran al palacio real. Tus hijos ocuparán el lugar de tus padres, y los pondrás como príncipes por toda la tierra. Yo haré célebre tu nombre por todas las generaciones; por eso, los pueblos te alabarán eternamente."*

Faltó vino en Caná y ella se dió cuenta: *"Al tercer día se hicieron unas bodas en Caná de Galilea, y la Madre de Jesús estaba allí. Jesús y sus discípulos fueron también invitados a la boda. Cuando se acabó el vino, la Madre de Jesús le dijo: "No tienen vino". Jesús le dijo: "Mujer, ¿qué tengo yo contigo? Mi hora aún no ha llegado." Su Madre dijo a los sirvientes: "Haced lo que él os diga". Había allí seis tinajas de piedra, puestas para las purificaciones de judíos, que contenían unos cien litros. Jesús les dijo: "Llenad las tinajas de agua." Y las llenaron hasta el borde. Entonces él les dijo: "Sacad ahora y llevarlo al maestresala." Y se lo llevaron. Y cuando el maestresala probó el agua convertida en vino, sin saber de dónde vino, llamó al novio y le dijo: "Todos sirven primero el vino bueno, y cuando ya han tomado bastante, uno inferior, pero que han guardado el buen vino hasta ahora". Jesús hizo esto como el comienzo de los signos en Caná de Galilea, y así manifestó su gloria, y sus discípulos creyeron en él."* **(Juan 2:1-11).**

Ella fue a Su Hijo y Jesús realizó el primer milagro, Ella no tiene ningún poder de su cuenta, solo el dado por El Padre Todopoderoso mismo: La Misericordia encarnada... el fruto bendito de su vientre Jesús, el que nos puede salvar si le abrazamos de verdad, Madre de Dios Hijo, incansablemente buscará favores de Jesús para aquellos que realmente honren a su Hijo. Amen.

## III

Para tener un diamante se necesita carbón: negro como la noche se puede encontrar hoy en cualquier parte, hay mucho carbón en el mundo, pero hay una falta de diamantes por todas partes, el precio se debe a la falta de diamantes, sino también su rareza... Hay algunos diamantes por ahí, pero no tan raros como Padre Pío, Francisco de Asís, María Goretti, Gemma Galgani, Faustina Kowalska, Teresa de Lisieux, Rita de Cascia, me gustaría poner Gandhi allí, pero eso es territorio de Dios, si Gandhi aceptó a Cristo antes de su muerte, sólo Dios lo sabe, me gustaría pensar que sí, pero eso sería especulación de mi parte... hay muchos diamantes, grandes y pequeños, la mayoría de ellos están en las manos de Dios en el cielo y otros caminan la tierra en estos momentos, difundiendo la buena nueva de Jesucristo.

Volviendo al carbón, esto es exactamente lo que tenemos todos los días en la tierra: las almas negras como la noche, algunas de negro claro, algunas solo negro y otras más negras que los agujeros que están en el espacio, *"pero si tu ojo es maligno, todo tu cuerpo estará en la oscuridad. Y si la luz que en ti es oscuridad, ¡cuán grande será la oscuridad."* **(Mateo 06:23).**

Cada ser humano en este mundo llega y se mancha con algo llamado pecado original y con firme decisión todos durante nuestras vidas nos ocupamos de poner más oscuridad en nuestras almas, el pecado no tiene un sabor malo... el sabor es bueno, si el sabor del pecado en nuestra carne fuera malo... nadie lo haría, si supiéramos lo que estamos poniendo en nuestras almas, si pudiéramos ver cómo esa mancha se ve... nadie lo haría, el hedor del pecado proviene del padre de todas las mentiras y si pudiéramos oler como huele vomitaríamos todo el día... pero no se puede ver, ni oler, en las proporciones espirituales como algunos santos si hicieron, y sabemos esto: **todo pecado (FUERA DE LA BLASFEMIA HACIA EL ESPIRITU SANTO), puede borrarse por medio de la MISERICORDIA de Jesús HOY!**

La Misericordia de nuestro Señor y Salvador puede borrar los pecados más locos y malvados que hay, para aquellos que tienen muchos pecados... Jesús puede borrarlos, para aquellos que tienen una conciencia sin descanso, Jesús puede darte descanso... Jesús, nuestro Señor es aquel calor y presión a través del tiempo que el carbón necesita para convertirse en diamante y Él te puede convertir en un santo increíble, ya que nada puede entrar en el cielo con una mancha, "pero nada impuro entrará en ella, ni (uno) que hace abominable cosas o dice mentiras... Sólo aquellos entrará cuyos nombres están escritos en el libro de la vida del Cordero" **(Apocalipsis 21:27).**

Jesús nos dice que después de que le aceptemos a Él en nuestras vidas: *"El que quiera venir en pos de mí, niéguese a sí mismo, tome su cruz, y me siga"* **(Mateo 16:24)**. Él nos está advirtiendo que en fin de ganar el cielo hay que sufrir un poco *"al cual resistid firmes en la fe, sabiendo que sus hermanos en la fe en todo el mundo sufren los mismos sufrimientos. El Dios de toda gracia, que nos llamó a su gloria eterna en Cristo (Jesús) mismo os perfeccione, afirme, fortalezca y establezca después que hayáis padecido un poco."* **(1 Pedro 5:9-10)**.

Jesús está diciendo a todos que tenemos que negarnos a nosotros mismos y esto significa que tenemos que negar nuestra forma pecaminosa de vida que el mundo le gusta ver de nosotros y también negar a nuestra carne ciertos placeres. Jesús dice que tenemos que tomar nuestra cruz cada día y aquí es donde viene el sufrimiento, las cosas cotidianas que nos hacen daño, necesitamos ponerlos en las manos de Jesús y sufrirlos en su nombre... el sufrimiento dará forma a nuestro corazón, una forma más madura y más cristiana. *"No sólo eso, sino que incluso se jactan de nuestras tribulaciones, sabiendo que la tribulación produce paciencia, y el carácter de resistencia, probado, y el carácter probado, esperanza, y la esperanza no desilusiona, porque el amor de Dios ha sido derramado en nuestros corazones por el Espíritu Santo que nos ha sido dado."* **(Romanos 5:3-5)**.

No hay situaciones que la dulce Misericordia de nuestro Señor no pueda borrar: la prostitución, la sodomía, la adicción, el lesbianismo, la pornografía, el robo, el asesinato, la bestialidad, el adulterio, las blasfemias de los clérigos, y mucho, mucho más... todos tenemos que aceptar su Misericordia ahora y para siempre con fe, negarnos a nosotros mismos y seguirle, nadie dice que no es un camino difícil pues: *"¿Cómo estrecha es la puerta, y angosto el camino que lleva a la vida. Y los que lo encuentran son pocos."* **(Mateo 7:14)**, nadie dice que la cruz no es pesada, pues la vida es dura... pero al caminar la cruz se va aligerando un poco porque Jesús tomo la culpa de todos sobre sí mismo, Jesús quiere animar a todos los que le aman a tomar la cruz como Él: *"Llevad mi yugo sobre vosotros, y aprended de mí, que soy manso y humilde de corazón, y encontrarán descanso para sus seres porque mi yugo es fácil, y ligera mi carga"* **(Mateo 11:29-30)**.

Jesús irá delante de ti, Él te llevará al Gólgota donde podrás seguir el ejemplo de Dimas el buen ladrón o el de Gestas el mal ladrón, allí abrazaras al Rey de la Misericordia para tu salvación o negarte como Gestas para tu condenación; esperemos que puedas abrazar Su Misericordia para que Él pueda decirte: *"En verdad os digo, que hoy estarás conmigo en el paraíso."* **(Lucas 23:43)**.

Jesús dice que una prostituta que se arrepienta y crea, entrará al reino de Dios primero *"¿Cuál de los dos hizo la voluntad de su padre?"* *Ellos respondieron: «El primero."* Jesús les dijo: *"En verdad os digo que los publicanos y las prostitutas están entrando en el reino de Dios antes que vosotros."* **(Mateo 21:31)**, un ladrón (Dimas) entró al cielo con Él, después de su muerte en la cruz con Jesús.

Su Misericordia es para todos los pecadores que buscan la salvación, sin importar el estado de sus almas si verdaderamente se arrepienten y claman Su Misericordia la conseguirán... los que no se pueden salvar son los que destruyen el templo del Espíritu Santo (por suicidio) o por sus propios labios blasfemándole. *"Por tanto os digo: que todo pecado y blasfemia será perdonado a los hombres, pero la blasfemia contra el Espíritu no será perdonada."* **(Mateo 12:31)**.

Algunos tendrán una cruz más grande que otros, algunos tendrán que sacrificar mucho para alcanzar el cielo, el camino está guiado por Cristo, que ve tu sacrificio, que ve tu rechazo al mundo y a la carne, que ve tu alegría por las cosas celestiales, El dará Su oro al abrir el tesoro de Su costado Santo y a través de esa misma apertura sangre y agua se verterán sobre tí, tú quién te entregaste a Él y con Su Misericordia tendrás eternidad siendo un santo.

Convertirse en santos sólo requiere un sí de tu parte, requiere de sacrificio, amor, humildad y de nuevo, esto se puede lograr al entregarse a Cristo, abrazando su Misericordia, obedeciéndole al seguirle al valle de la muerte durante toda la vida que lleves tu cruz cada día, este pequeño sufrimiento formara tu fe e infinitas gracias vendrán a ti... Esperanza, humildad, obediencia, caridad y muchas más vendrán, sólo dale tu vida a Él sin preguntas, arrepiéntete cada día, niégate a ti mismo, lleva tu cruz grande y síguelo hasta la eternidad. Amén.

# IV

Esto es algo muy especial para mí, algo por lo cual yo estaba vacilante para escribirlo, es un momento de ternura pura procedente de un gran Amor, a veces oramos y muchas veces le pedimos al Señor que nos dé lo habitual: salud, obstáculos que debemos superar, amor, fuerza para seguir adelante, y por nuestros seres queridos... pero de vez en cuando para aquellos en el camino, llega un momento en que usted le pide al Señor algo extraño y hermoso, una gracia tal vez, un milagro tal vez, algo que te hace pensar por un momento, algo que sabes que no fuiste tú que lo pediste, algo que no eres lo suficientemente inteligente como para hacer esa petición, algo que venía de adentro, algo de lo más profundo de ti mismo... procedente del Amor del Espíritu Santo. Mientras escribo estas palabras a las 6:23 de la mañana justo al final de mi turno de trabajo que rueda a lo largo de la noche, mi corazón estaba literalmente en llamas *"Se dijeron uno al otro:" ¿No nos ardía el corazón en nosotros, mientras nos hablaba en el camino y nos explicaba las Escrituras?"* **(Lucas 24:32)** y tengo que decir que es un fuego tan hermoso que me gustaría que todos ustedes se quemaran con él, sé que por este fuego siento que está bien compartir este pequeño secreto de intimidad y amor mío con Dios, este secreto que quería esconder del mundo y amar para siempre, tenía miedo de regalar todos los momentos de intimidad entre yo y Dios... pero al final haré lo que Él quiera, porque le amo.

Yo estaba orando un día, de repente le pedí a mi Señor Jesús que me llevara a mi primer amor, y cuando esas palabras salieron de mi boca, de inmediato supe que era una idea hermosa, porque mi primer amor y tú primer Amor (incluso si usted no lo sabe todavía), es el Padre Todopoderoso en el cielo. Una vez, en mi trabajo una compañera y yo estábamos hablando acerca de Dios, y debatíamos algo que, francamente, no me acuerdo de qué se trataba, pero terminó preguntándome ella si yo quería morir... Le dije: "Sí".

Ella se sorprendió, se sorprendió porque nunca había conocido a alguien que quisiera morir, pero morir no por los motivos errados sino por los mejores motivos, le expliqué a ella y una vez a mi esposa, que tengo un problema con los cristianos que quieren ir al cielo, pero no quieren morir, expliqué que yo no era un tonto, que yo no quería suicidarme o incrementar las posibilidades de perder la vida... me encanta mi vida, amo a mi esposa, mis hijos y por supuesto que me encantaría verlos crecer y experimentar el don más grande de Dios... la vida. Creo que fue Santa Teresa de Lissieux si no me equivoco, que una vez dijo: "Me muero porque no muero."

El amor de nuestro Señor es inimaginable para calcular con el 10% que usamos de nuestro cerebro, vamos a tomarnos una eternidad para conocer al Padre con Jesús mostrándonos su Padre, lo que estoy diciendo es que entre mi vida ahora (de nuevo, que me encanta), y una vida con Jesús en el cielo... elijo el cielo!

Esto es lo que pasó, empecé a orar a mi Señor acerca de llevarme a mi primer amor por un poco más de una semana, y sucedió... No sé si tuve una visión, yo no sé si estaba soñando, todo se llevó a cabo en la Luz... Yo me estaba viendo... Yo sabía que estaba recientemente creado, estaba descansando en las enormes manos del Padre Todopoderoso, pude verme a mí mismo en sus manos a pesar de que lo que tenía en sus manos era diferente a mi cuerpo físico... todo lo que había era mi alma, entonces un calor tierno proveniente de Su sonrisa me dio la vida... Levanté mi cabeza mientras me desperté y vi a Jesús que me sonreía... justo al lado de Jesús, vi al Espíritu Santo también... estaban sonriendo como Dios Padre Todopoderoso estaba contento y satisfecho de mostrar Su creación.

Mi Hermoso Padre Todopoderoso estaba feliz de mostrarme a su Hijo y al Espíritu Santo, intenté levantar la cabeza un poco más y vi a mi Señor Jesús y al Espíritu Santo, traté de ver al Padre, pero no podía ver Su rostro irradiaba tanta luz que no podía ver la cara... imagina una habitación donde sólo hay luz más allá de cualquier luz que hayas visto en tu vida, pero el rostro del Padre Todopoderoso tenía una luz mucho más brillante que se destacaba más que la luz dentro de la habitación... los ojos de mi alma no lo podían ver.

Ese es mi secreto, uno que me dio mucha paz cuando ocurrió, todos los días que recuerdo ese sueño o visión, inmediatamente todo mi cuerpo recuerda esa agradable sensación dada por medio de Su sonrisa... la calidez que me dio la vida. Les deseo a todos mis hermanos que tengan algún día la misma sensación de Amor que yo tuve, vine al mundo para amar a Dios solamente y cada día el camino se hace más difícil, pero al mismo tiempo se hace más claro por medio de nuestro Señor Jesucristo.

Él Padre Todopoderoso envió a su Hijo unigénito para que pudiéramos conseguir la salvación, Él y Su Hijo sabían la violencia que se tenía que sufrir entre el monte de los olivos y la cruz, viendo a su amada creación tratando a su Hijo Jesús de la forma en que todos lo hicimos, Él sabía que debía de suceder así pues Él es Dios, pero de todos modos Él también sufrió pues era necesario *"El Padre y yo somos uno."* (Juan 10:30).

Algunas cosas son verdad aún usted crea en ella o no, y Jesús ES el Hijo de Dios, y Él quiere compartir la eternidad con nosotros, es por eso que Él murió en la cruz por la humanidad, para liberarnos de la esclavitud del pecado y la muerte, el círculo vicioso se rompe y ahora todos podemos volver a casa a través de Su Misericordia, me vi cómo una pequeña alma en las manos del Padre Todopoderoso, una pequeña alma incorrupta siendo preparada para venir al mundo, una pequeña joya que, en lugar de seguir siendo una joya, me metí en la maldad y el pecado...

En el momento en que me entregué a Jesús yo era carbón que transformándose por Su Amor en algo hermoso, *"Sin embargo, Señor, tú eres nuestro padre, nosotros la arcilla y tú el alfarero: somos todos obra de tus manos"* **(Isaías 64:8)** tanto pecado y error de mi parte que El con gusto limpió, vine como una pequeña joya de las manos del Padre en el cielo y tengo que crecer como un diamante a través de la dulce Misericordia de mi Señor Jesús y así volveré a mi casa verdadera en el cielo, a través de Jesús. Yo no soy un santo... pero quiero serlo, si alguno de mis amigos pudiera decir ahora quién soy yo, te dirán que soy una persona difícil, así que no soy un santo... si mi camino a la santidad fuera caminar 3 veces el mundo a pie, todo lo que puedo decirte es que sólo he caminado unos pocos centímetros, pero estoy con Jesús y quiero llegar a ser santo, un diamante de Su Misericordia.

¿Por qué estoy a compartiendo esto? Es necesario comprender de una vez por todas, que este no es nuestro hogar, tenemos que volver a nuestro verdadero hogar en el cielo, debemos creer en Jesús para ser verdaderamente liberados y prosperar en Su Misericordia, Jesús **SI** murió en la cruz, ya que incluso científicos han demostrado que Jesús realmente fue crucificado y asesinado (Para los que dicen que no murió), historiadores de aquella época demostraron que fue crucificado (Flavio Josefo), quien niega esto es porque les gusta el mundo y no le importa ir al infierno, Jesús es el Salvador, el Mesías, el Camino, la Verdad, la vida y sólo a través de Él podemos ir al Padre. **(Juan 14:06)**.

Voy a orar por perseverancia para todos nosotros a través de Su Misericordia, le pediré a nuestra Madre María por un milagro de Misericordia a través de Su Hijo, voy a orar al Padre por protección para todos los que aman a Cristo ser protegidos por los santos Arcángeles principalmente a San Miguel, y pediré que ores por Misericordia hoy...

Si tienes a Jesús busca su Misericordia más y más cada día, y siempre busca las cosas celestiales, haz sacrificio, penitencia, arrepiéntete a diario por tus pecados, ten alegría, crece en la caridad, la humildad y tratar de convertirte en un santo... sólo requiere un sí de usted y que abrase la dulce, dulce Misericordia de Jesús, Te quiero hermano en Cristo y Cristo te ama y te desea lo mejor, que es el contenido del tesoro... Su Misericordia. Amen.

# V

El padre Grunner ha peleado la buena batalla, predicando a todo el mundo la verdad... la consagración de Rusia no ha sido hecha como Nuestra Señora pidió a 3 niños pequeños en Fátima, en Portugal; los errores de Rusia han viajado por todo el mundo, ¿cuántos han sufrido en muchos países por está ideologías que no son más que una herramienta del diablo, es demasiado tarde para consagrar a Rusia? Sí, desde luego es tarde, pero sin embargo, nunca es demasiado tarde para obedecer a nuestra Señora y consagrar a Rusia. *"¿Cuál es su opinión? Un hombre tenía dos hijos. Se acercó al primero y le dijo: Hijo, salir a trabajar en la viña en la actualidad." Él respondió: "No quiero", pero después, arrepentido, fue. El hombre se acercó al otro hijo y le dijo lo mismo. Él respondió: 'Sí, señor', pero no fue. ¿Qué de los dos hizo la voluntad de su padre? "Ellos respondieron: "El primero". Jesús les dijo: "En verdad os digo que los publicanos y las prostitutas están entrando en el reino de Dios antes que vosotros."* **(Mateo 21:28-31).**

Así muchos de ellos tenían la verdad en sus manos y fueron perseguidos dentro y fuera de la Iglesia, San Francisco de Asís tuvo la persecución del obispo de Asís, pero le llevó a cosas aún mejores ya que obtuvo el reconocimiento del Papa, Padre Pio fue ordenado permanecer en su celda por la iglesia por algún tiempo, pero ofreció su sufrimiento a Dios, Juan de la Cruz fue encarcelado por sus propios hermanos de su orden religiosa y tuvo que escapar de ellos, así también muchos santos más.

Y esta es la verdad: la Iglesia es santa por Jesús y la iglesia es pecadora a causa de los hombres... padre Grunner alégrese no tenga miedo y no se rinda!

*"Por tanto, no tengáis miedo de ellos no hay nada oculto que no haya de ser manifestado, ni secreto que no haya de saberse Lo que digo en la oscuridad, habla en la luz, lo que oís al oído, proclamadlo desde las azoteas."* **(Mateo 10:26-27).**

Nadie quiere recordar lo que los papas del pasado han dicho acerca de la comunión en la lengua, ya que la mayoría de ellos antes del Concilio Vaticano II favoreció la comunión **SOLO** en la lengua y lo curioso, este mal apareció después del Concilio Vaticano II y está directamente relacionado con las profecías en las apariciones de la Virgen de Quito y Fátima. El Papa León Magno (por citar uno de tantos), han hablado a favor de la comunión en la lengua, hoy en día es la norma por el Vaticano dar la comunión en la boca, pero en 1977 se le dio un permiso a los obispos de los EE.UU. con el fin de dar la comunión en la mano para evitarles un peligro a la "frágil" Fe de algunos. En un principio, la iglesia tenía la comunión en la mano, pero toda la iglesia estaba bajo **persecución**.

El banquete Santo proporcionado por el mismo Jesús es creencia de muchos que sucedió en la boca en lugar de la mano, ¿por qué? Porque dentro de la tradición Judía de aquella época el que llevaba el banquete le era necesario poner el primer trozo de comida en la boca de las personas asistentes, también tenemos pruebas de esto, ya que nuestro Señor tenía que dar una lección de amor fraternal al lavar a los discípulos sus pies *"Luego echó agua en una palangana y comenzó a lavar los pies de los discípulos ya secarlos con la toalla alrededor de su cintura."* **(Juan 13:05).**

Pero el detalle más importante y revelador fue cuando Jesús sumergió el bocado y se lo dio a Judas, *"Jesús le respondió: «Es aquel al que daré el bocado que voy a mojar en el plato». Y mojando un bocado, se lo dio a Judas, hijo de Simón Iscariote."* **(Juan 13:26),** primero: no se le da a nadie un pedazo de comida mojada en las manos de alguien eso sería un desastre, y segundo la definición de bocado es un pequeño pedazo de comida en la boca... St. Bilas (330-379) dijo que la Sagrada Comunión puede sólo darse en la mano bajo persecución solamente, lo curioso es que la iglesia estaba bajo persecución abierta hasta que el emperador Constantino hizo del cristianismo la religión del imperio romano, por lo que en el comienzo la comunión fue en la mano, pero para aquellos que todavía defienden en contra de la comunión en la lengua tengo que decir esto... una vez que estaba teniendo un debate con un sacerdote a quien yo quiero mucho, le dije que si podía encontrar en la historia de la iglesia algún santo que haya recibido la Eucaristía milagrosamente ya sea por un ángel, un santo o el mismo Jesús en la mano, entonces yo empezaría a tomar la comunión en la mano... mi amigo sacerdote se puso a la defensiva y me decía que necesitaba a los ministros de la Eucaristía con el fin de manejar la comunión al pueblo... por supuesto, porque todos estos ministros tocan el Santísimo cuerpo con sus manos indignas, cuando sólo los sacerdotes tienen ese lujo con sus manos consagradas como San Francisco una vez dijo:

*"El hombre bueno será bendito, porque da de su sustento a los pobres. Expulsar el hombre arrogante y la discordia se apaga; conflictos y el insulto cese. El Señor ama a los limpios de corazón, el hombre de la palabra ganadora tiene el rey para su amigo"* **(Proverbios 22:9-11).** De todas formas mi amigo sacerdote sabía que el debate terminó ahí, ya que **NO HAY SANTO EN TODA LA HISTORIA DE LA IGLESIA QUE HAYA RECIBIDO LA COMUNION EN LA MANO DADA POR UN ANGEL, SANTO O EL MISMO JESUS,** no hay uno!

Nuestras almas ganan más al reconocer que no somos dignos de recibirle en la mano, pregúntese: ¿Que es más espiritual, recibirle en la lengua o en la mano? Ningún santo ha recibido alguna vez la Eucaristía en la mano provista ya sea de un ángel, un santo o el mismo Jesús, piense en ese detalle. Algunos me contradirán yo diciendo que no sé lo que estoy hablando, que yo no tengo los estudios necesarios para decir esto... Eso es cierto, pero yo tengo al Espíritu Santo. Podría decir ahora mismo con toda certeza que soy un tonto, un indigno, y que no soy una buena persona, es por eso que trato de dar mi todo a Jesús, es por eso que lo sigo porque soy una máquina de maldad y quiero salvación, por eso acepté a Jesús y se me dio el regalo del Espíritu Santo, así es como yo sé que la comunión en la mano es un pecado, **es un pecado** por todo el abuso cometido... queremos ser crucificados con él no crucificarle de nuevo como los romanos, no hay persecución abierta y directa a nuestra Iglesia. Ha habido un gran abuso creado a través de este permiso dado por nuestra querida Iglesia y a pesar de que ellos lo saben, no se porque nuestros obispos no quieren detenerlo.

**(1 Co 11, 27-29):**

*"Por tanto, quien coma el pan o beba la copa del Señor indignamente tendrá que responder por el cuerpo y la sangre del Señor. Una persona debe examinarse a sí mismo, y coma así el pan y beba de la copa. Porque el que come y bebe sin discernir el Cuerpo, come y bebe juicio para sí."*

Por eso uno debería preguntarse: Debería yo mantenerme alejado de la Iglesia Católica sabiendo que tantos lobos están vestidos de ovejas? POR SUPUESTO QUE NO! Los pocos diamantes que hoy caminan la tierra en la primera Iglesia creada, esos diamantes son los que realmente siguen los preceptos de Jesús y al mismo tiempo OBEDECEN, obedecer a la Iglesia como Jesús obedeció al Padre Todopoderoso en el cielo, ellos saben de estos hechos descritos en estas páginas y no huyen de la Iglesia, se quedan y caminan con Jesús al Gólgota, con sus cruces en la espalda, lo que tenemos que hacer ahora más que nunca es orar, orar por los que dirigen, los que administran, por aquellos que sacrifican todo para nuestro provecho espiritual, orar por los que nos matan, orar por aquellos que se oponen a nosotros, por todas las iglesias del mundo que aman a Cristo, tenemos que orar hoy más que nunca, para que el dueño de la viña envía más trabajadores, trabajadores que quieren ser diamantes o mejor dicho que quiere ser santos, trabajadores que quieran ganar almas para Él, trabajadores que están sedientos de Su Amor, sedientos de Su dulce Misericordia ahora hasta que venga Su Reino. Amen.

En el año 2011, la OSCE (Organización para la Seguridad y la Cooperación en Europa) reveló al mundo que cada 5 minutos un cristiano es asesinado por sus creencias, eso es 105.000 al año (http://www.catholicculture.org/news/headlines/index.cfm?storyid= 10555), no se sorprenda si ese número es un poco más alto de ahí, por estadísticas en lugares que son difíciles de conseguir, lugares que no sabemos cómo la Iglesia está sobreviviendo, como Corea del Norte y otros países donde la Iglesia está escondida... Bienaventurados los que mueren con el hermoso nombre de nuestro Señor en la boca, y recordemos... Muchos milagros suceden por ahí, pero ninguno de ellos salva como el milagro de Jesús en el Santísimo Sacramento del altar. Amén

# PALABRAS FINALES

Del Tesoro de los Cielos y creencias del escritor...

Este es mi testimonio: Durante el internado de pediatría en el Hospital de la Universidad Central del Este, desarrolle una neumonía bilateral grave (respiración es decir, sólo a través de dispositivos) luego una septicemia, mis defensas inmunológicas naturales no funcionaban debido a una aplasia de la médula ósea causada por medicamentos para reducir la fiebre (el medicamento se llama neomelubrina), bajo estas condiciones los médicos dijeron que se necesitaría un milagro para salvarme; muchas personas rezaron en muchos lugares del mundo por mi recuperación, dos personas vieron a Jesús cuidándome en mi cama mientras estaba en coma (7 días en coma) ... Me recuperé milagrosamente, Jesús me salvó de una muerte segura! Luego tuve que ir a Nueva York para reparar mi tráquea a través de la cirugía (más de 15 cirugías), tenía una estenosis de tráquea causada por el respirador artificial. Después de 3 años de cirugías por fin me recuperé, pero un estoma permanente (traqueotomía) quedo por la masa fibrótica que sostenía mi tráquea para poder respirar, esto quedaba producto de todas esas cirugías por lo que me es difícil volver a la medicina de nuevo (el estoma deja una ventana abierta para infecciones en un ambiente lleno de bacterias). Jesús se me apareció en un sueño y me dijo que tenía que hablarle a todo el mundo sobre Su Misericordia y como prueba de ello, no iba a haber luz al día siguiente, me levante al otro día y no había luz! El cielo estaba oscuro, todas las nubes grises cubriéndolo todo... el día estaba oscuro (Esto sucedió en Nueva York, vivía allí en ese momento), mi padre estaba en Boston él me llama y le pregunté acerca de las condiciones del cielo, sin saber él lo que estaba pasando me respondió: "todo está oscuro", luego mi esposa llamó desde Santo Domingo (República Dominicana), la misma pregunta le hice, me dijo: "el cielo estaba negro y con muchos relámpagos."

Después de ahí yo sabía lo que tenía que hacer con mi vida, tenía que decirles a todos acerca de la Misericordia de Jesús, pero que es Misericordia exactamente?. A través de esta historia de Dimas se revela como amor que actúa a nuestro favor, es decir, la acción del Amor Divino. El Padre Todopoderoso ha **actuado** por **darnos** a Jesús su Hijo unigénito, para ser salvos... Jesús **tuvo que morir y resucitar**, y Él dice en su palabra de que **nadie toma su vida que Él da la vida** por sus ovejas. El Tesoro del Cielo: la Misericordia de Jesús y Su Misericordia es simplemente El Amor en acción, Él actuó para salvarnos ... Tuvo que venir del cielo como un hombre pobre a pesar de ser propietario de toneladas de gloria, El sufrió al ser azotado, escupido, golpeado, humillado y desfigurado, le dolió ver como lo traicionaban algunas de las personas que El compartió Su vida, sufrió al ver a Su propia gente dándole la espalda, muriendo en la cruz por toda la humanidad, incluso para el pecador más cabeza dura y todo esto fue del Amor; Misericordia por definición es un acto de amor del ofendido hacia el agresor. Hay cosas en la vida que son verdad, incluso si usted cree en ellos o no, la Misericordia de Jesús es real... Jesús en Su Misericordia muestra El Amor del Padre y El Espíritu Santo en unidad perfecta para la salvación de ustedes! La Misericordia es para todo el mundo a pesar de los pecados, mira a Pedro quien traicionó a Jesús, mira a Pablo que era un asesino en masa, y mira Dimas que era un ladrón... oren para obtener la Misericordia de Jesús hoy! Rezaré para que usted la reciba, ¡que la Misericordia Jesús brille en ti, que Jesús te muestre su rostro hermoso y te lleve a Su Padre Todopoderoso. Amén.

**\*Jesús me dijo**: "dile a todo el mundo acerca de Mi Misericordia", la historia sobre san Dimas el santo patrón de los ladrones para su conversión es uno de Gran Misericordia, por eso esta historia llego a mi corazón, aunque su biografía es oscura por la falta de información de este santo, la verdadera historia del "dulce ladrón" no está escrita en ningún libro de historia, sólo conocemos un poco por la Sagrada Escritura, he tratado de mezclar algunas historias de la Escritura y la Misericordia de Dios a través de nuestro Señor y Salvador Jesús, como también algunas leyendas alrededor de san Dimas. Todos sabemos que san Dimas está en el cielo y espero que todos nosotros le imitemos al reconocer que Jesús es el Hijo de Dios, el Rey de reyes y Señor de Señores, y estar dispuestos a ir a la colina de la muerte con Él y pedir Su Misericordia.

\* Mientras estaba rezando el Rosario en mi trabajo (aunque me prohibieron rezar en el trabajo a pesar de que hacia mi trabajo), yo contemplaba los misterios dolorosos, cuando estaba en la corona de espinas me pregunté: "Jesús sufrió desde el comienzo de la Pasión hasta el final por los pecados de la humanidad desde ese momento hacia la futura humanidad... para quién exactamente estaba sufriendo en la corona de espinas hacia el futuro?" Para mi sorpresa y alegría, Jesús me dijo claramente: **"Rafael, las Espinas que sufrí fue por todos los que dicen que me aman pero no ama a su hermano".** En ese mismo momento, Jesús me mostró todas las veces que he tenido la oportunidad de amar a mi hermano o hermana, incluso si se trataba de una pequeña oportunidad, y elegí no practicar la caridad. Por ello, una fe sin buenas obras es una fe muerta, las buenas obras es evidencia de que no solo pediste Misericordia y la recibiste sino que **eres** Misericordia al ser ejemplo y **das** Misericordia imitándolo siendo misericordioso como Jesús y Su Padre fueron con san Dimas.

* La Misericordia se puede comer así que escucha con cuidado... Pablo dijo con el Espíritu Santo: "Que cada uno se examine a sí mismo antes de comer este pan y beber esta copa porque **si come y bebe sin discernir el Cuerpo del Señor, come y bebe su propia condenación**" 1Cor 11:28-29. Vas a decir "bien los discípulos tomaron de la mano", no... Perdón, primero los discípulos eran sacerdotes y segundo está acostumbrado a dar de comer en la boca a los huéspedes en la tradición hebrea de la época, ósea en los tiempos de Jesús esta era la manera, se puede ver como Jesús le da un bocado mojado a Judas, ¿cómo es que se le va a dar algo a alguien mojado en la mano? Va a ser un desastre, usted podría decir "bien en la mano fue como la iglesia solía hacer en aquel entonces"... Sí sólo hasta que el emperador Constantino puso el cristianismo como la religión, porque antes de Constantino la iglesia entera era perseguida y esta **(bajo persecución) era y debe de ser la única forma en que se de en la mano**, pero el sol se está acostando en el mundo occidental... Al tener la Eucaristía en la mano muchos están abusando del Santísimo Sacramento y este es el peligro, en este momento no hay persecución de los fieles de la iglesia... ninguna reverencia al Santo Cuerpo, y el sacramento puede es tratado por muchos hoy en día como un pedazo de pan, vamos a dar a Cristo la oportunidad, vamos a amarlo en el Santísimo Sacramento, vamos a tomarlo en la boca sabiendo que no somos digno de tomarlo en la mano y arrodillarnos ante El Rey de reyes si ninguna enfermedad se lo impide.

* Por último vamos a **pedirle** a Jesús Su dulce Misericordia a través de la oración y comunión con un corazón constricto sediento de perdonar y ser perdonado, sabiendo que si pido recibiré. "Pedid y se os dará; buscad y hallaréis; llamad, y se os abrirá." Mateo 7:7 **SER** Misericordia de Jesús siendo un ejemplo de vida para otros buscando siempre la humildad "Llevad mi yugo sobre vosotros, y aprended de mí, que soy manso y humilde de corazón;.. y hallaréis descanso para vosotros "Mateo 11:29 **DAR** Misericordia de Jesús mediante la práctica de la caridad, de nuevo una fe muerta es aquella que NO tiene buenas obras. Que la Misericordia de Jesús venga sobre ustedes, ojala y seas un defensor(a) de Cristo en la humildad y que Él te muestre su hermoso rostro. Amén.

# BIOGRAFIA

Nací en Nueva York el 21 de noviembre de 1972, hijo del Dr. Rafael González y Amaury Frías. Después de que mis padres se divorciaron, mi madre me llevó a Santo Domingo, República Dominicana donde crecí, me encontré a Jesús el 18 de septiembre de 1992 "Toda mi vida en la Iglesia Católica, no sabía que había que buscarle y en la iglesia le encontré... todo este tiempo estuviste en la Iglesia." Formé una familia con mi esposa María Tejada en 1997, el mismo año que tomé la medicina como carrera, más luego terminé graduándome en la Universidad Central del Este (UCE) en San Pedro de Macorís en el 2005, debido a la gravedad de mi enfermedad no pude ejercer como médico, el peligro inminente de infecciones a través de su estoma (ver últimas palabras para leer mi testimonio), hoy soy practicante católico abogando Misericordia de mi Señor Jesús a través de la dulzura en la recepción de la Eucaristía en la lengua en lugar de la mano, actualmente trabajo en la Universidad de Stetson en la oficina de Seguridad Pública en San Petersburgo en Florida y por favor oren por mí a la vez que entrare con Jesús de la mano al Diaconado.

www.ingramcontent.com/pod-product-compliance
Lightning Source LLC
Chambersburg PA
CBHW061722020426
42331CB00006B/1053

* 9 7 8 0 6 1 5 8 2 4 9 9 4 *